Ayşen's
KITCHEN

1. Baskı 2023

© **HÄRTER Verlag**, D-72760 Reutlingen
www.haerterverlag.de | @haerterverlag.de

Türkçe basım: ISBN 978-3942906630

(**Almanca basım:** ISBN 978-3942906623)

Metinler ve tarifler: Ayşe Şen
Foodstyling | Tasarım: Ayşe Şen | @aysens.kitchen

Yemek fotoğrafları ve portreler: High Rock GmbH, Günzburg | www.davutkulturstudios.com

Grafik tasarım ve dizgi: CN Grafik | www.cn-grafik.de | @cn_grafik

Çeviri ve Düzenleme: Jaqueline Schotte

Baskı: Grafisches Centrum Cuno GmbH & Co. KG, Calbe

100% Made in Germany

Bu kitaptaki tüm bilgiler yazar tarafından özenle hazırlanmış, araştırılmış ve yayıncı tarafından kontrol edilmiştir. Bilgilerin doğruluğu konusunda hiçbir sorumluluk kabul edilemez. Ne yazar ne de yayıncı, bu kitaptaki içeriklerin (görüşler, kişisel deneyimler, bilgiler, pratik tavsiyeler ve tarifler) kullanılması veya uygulanmasından kaynaklanabilecek olası zararlar için sorumluluk kabul edemez. Bu kitap tıbbi veya diğer tavsiyelerin yerini almaz.
Harici üçüncü taraf web sitelerine ve içeriklerine yönelik yukarıda belirtilen bağlantılar/linkler için herhangi bir sorumluluk kabul edemeyiz.

Ayşen's
KITCHEN

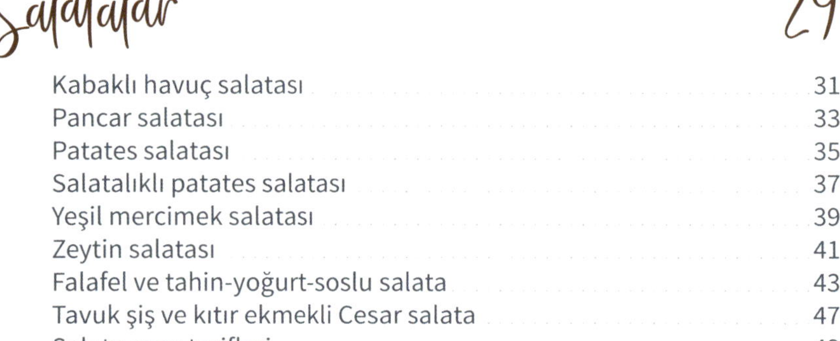

Hamur işleri 109

Pastalar ve Tatlılar 139

Sonsöz 183

Indeks 189

Ben ve bu kitap hakkında

Merhaba ben Ayşe, 35 yaşında evli ve iki çocuk annesiyim. Çoğunuz beni Instagram kanalım„Aysens Kitchen“ dan tanıyordur.

Dört yıl önce kanalımda ilk tarifi paylaşma adımını tereddüt ederek attım. 🤭

Bu fırsatla izleyicilerime beni bir yemek kitabı yazmaya teşvik ettikleri için teşekkür etmek istiyorum. Desteğiniz bu kitabı gerçekleştirdi. Sizlere tüm kalbimle teşekkür ederim. 😍

Yemek kitabımın iki dilde yayınlanmış olmasından çok mutluyum. Bu benim için çok önemliydi çünkü her iki kültür de benim için çok değerli. Alman ve Türk kültürünü birleştiren – muhteşem bir kültür karması. Kitabımda haftalık planınızı hazırlayabileceğiniz, her gün için modern ve klasik tarifler bulabilirsiniz. Özellikle bulunması zor malzemeler kullanmadım. Bunların çoğu zaten evinizde mevcut. Her bir tarif ve ortaya çıkan yemek benim için kıymetlidir. Bu felsefeyi sizin için kitabıma yansıtmak istiyorum.

Yemek kültürü insanları, aileleri ve arkadaşları birbirine bağlar ve bu yemek ziyafeti asıl birlikte olunca keyifli hale gelir.

Kitabımın ortaya çıkmasında bana destek olan herkese teşekkür ederim, çünkü bir kitap kendi kendine oluşmaz. Öncelikle yayıncıma teşekkürlerimi sunarım. Bu kadar deneyimli bir ekiple çalıştığım için çok şanslıyım. Sevgili Simone, sevgili Cyrus, proje boyunca her zaman desteğinizle bana eşlik ettiniz. Ayrıca bize her zaman kulak vermenize ve cesaretlendirici sözleriniz için de çok teşekkür ederiz.

Fotoğrafçım Davut‘un da önemli katkıları oldu. Kendisine gösterdiği istek, sabrı ve müthiş fotoğrafları için çok teşekkür ediyorum!

Türkçe baskıda bana titizlikle ve büyük bir içtenlikle destek olan çevirmen Jaqueline de teşekkürlerimi sunarım.

Ve elbette sevgili aileme teşekkür ediyorum. İnanılmaz desteği için eşim Muhittin‘e ve bana her zaman kitabıma ayıracak gücü ve zamanı tanıyan çocuklarıma. Hepinize çok teşekkürler, iyi ki varsınız!

Sevgilerimle,

Ayşe Şen

BOSCH
4
3
2
1

Kullanılan gereçler & Açıklamalar

Burada size mutfağımda neredeyse her gün kullandığım vazgeçilmez aletimi tanıtıyorum:

1 **Mutfak robotum**
Her açıdan çok yönlü.

2 **Karıştırıcı**
Sıyırıcısı malzemeleri kaseden çözer ve hamur sonucu mükemmel olur.

3 **Mikser/Çırpıcı**
Krema veya yumurta aklarını kısa sürede katılaştırır.

4 **Hamur kancası**
Mayalı hamurlar gibi sert hamurlar için uygundur.

Açıklamalar

Burada aramanızı önlemek için tüm semboller açıklanmıştır.

(Tabak) Parça/adet veya porsiyon sayısı

(Saat) Dakika olarak hazırlama süresi

(Kum saati) Dakika veya saat olarak bekleme süresi

(Fırın) Alt/üst ısıda °C olarak pişirme süresi

(Fanlı fırın) Fanlı fırın ile °C olarak pişirme süresi

(Sıcak hava fırını) Sıcak hava ile °C olarak pişirme süresi

(Izgara fonksiyonu) Izgara fonksiyonu ile °C olarak pişirme süresi

(Veggie sembolü)
Bu tarif vejetaryen veya vegandır.

(QR kodu) Instagram'da tarif videosu için buraya tıklayın.
❤️ En sevilen Insta favorileri kitaba girmeyi başardı.

Mezeler

Soğan Turşusu

Kısa sürede hazırlayıp aynı gün tüketebilirsiniz. Tadı baharatlı, tatlı ve çıtır. Özellikle burger ve dürümlerin içerisinde harika oluyor.

 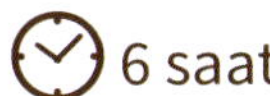 

Malzemeler

3 adet mor soğan
60 ml sirke (üzüm veya elma)
Kavanozu dolduracak kadar kaynar su
2 silme tatlı kaşığı tuz
1 tatlı kaşığı şeker
İsteğe bağlı birkaç adet hardal tohumu ve karabiber taneleri

Hazırlanışı

1. Soğanları halka şeklinde doğrayın. Üzerine şeker, tuz, sirke, karabiber ve hardal tanelerini ekleyin.
2. Kavanozu dolduracak kadar kaynar su ilave edip, kapağını kapatın. İçeriklerin iyice karışması için 2–3 kez alt üst edin.
3. Yaklaşık 6 saat sonra turşu hazır olacaktır. Buzdolabında muhafaza edin.

 **Ben 300 ml'lik kavanoz kullandım.**

Önerim

Miktarın birkaç katını yapın ve stoklayın. Biberleri ağzı kapalı kavanozlarda buzdolabında kolaylıkla birkaç gün muhafaza edebilirsiniz.

Közlenmiş biber turşusu

Yapımı oldukça basit biber turşusunu salata veya meze olarak sofralarınızda sunabilirsiniz.

4–5 kişilik

Malzemeler

6 adet kırmızı biber
7 yemek kaşığı sirke (elma veya üzüm sirkesi)
3 yemek kaşığı zeytinyağı
5 diş sarımsak
1 tatlı kaşığı tuz
7–8 dal maydanoz

1. Kırmızı biberleri yıkayıp, iyice kurulayın. Daha sonra yağlı kağıt serilmiş tepsiye dizin. Biberleri bir iki yerden delin.
2. Önceden ısıtılmış 220 derece alt üst ayar fırında 25–30 dakika ara ara çevirerek közleyin.
3. Fırından biberleri alıp üzerini bir bez ile örtün. Kolay soyulabilmeleri için 15 dakika bekleyin. Daha sonra kabuklarını soyup ince şeritler halinde doğrayın.
4. İnce doğranmış sarımsağı, kıyılmış maydanozu, sirkeyi, zeytinyağını ve tuzu bir kavanozda karıştırın.
5. Biberleri de ekleyip karıştırın. Kapağını kapatıp bir gece buzdolablnda beklettikten sonra afiyetle tüketebilirsiniz.

Pide veya falafel (lübnan köftesi) ile harika uyum sağlayan, aynı zamanda ana yemeklerin yanında servis edebileceğiniz meze tarifi.

 1 porsiyon

 15 dakika

Malzemeler

200 gr haşlanmış nohut
(1 büyük su bardağı)
2 diş sarımsak
3 yemek kaşığı tahin
3 yemek kaşığı zeytinyağı
Yarım limonun suyu
Yarım tatlı kaşığı kimyon
1 silme tatlı kaşığı tuz
20–30 ml soğuk su

Hazırlanışı

1 Haşlanmış nohutların kabuklarını soyun. Kalan malzemeleri ekleyin. Pürüzsüz, kremamsı bir kıvam alana kadar rondodan geçirin.

2 Kıvamına göre su eklenebilir. Servis ederken humusun üzerine zeytinyağı gezdirebilirsiniz.

Nohutları soymak zorunda değilsiniz. Ancak soyulmuş nohut ile daha kremamsı humus elde edersiniz.

Önerim

Birkaç dilim ekmeği hala sıcak olan fırında kızartıp dip sosu ve domatesle birlikte afiyetle yiyin.

Közlenmiş domatesli peynir dip sosu

Közlenmiş domatesli peynir dip sosunu, başlangıç olarak ekmek ile veya sofranızda meze olarak servis edebilirsiniz. Ben kahvaltı sofralarınada çok yakıştırıyorum. 🥰

1 porsiyon

Malzemeler

Peynir dip sosu için

80 gr beyaz peynir
80 gr tam yağlı sürme taze peynir
8–10 yemek kaşığı krema veya süt
Bir tutam karabiber
1 yemek kaşığı zeytinyağı

Üzeri için

23–25 adet küçük boy çeri domates
2 diş sarımsak
Tuz ve karabiber
4–5 yemek kaşığı zeytinyağı

Hazırlanışı

1. Peynir sosu için gerekli olan tüm malzemeleri mikser veya blender ile püre haline getirin. Tuz eklemeye gerek yok, peynirlerin tuzu yeterli oluyor. Kıvamı kremamsı olana kadar süt veya kremayı peynirin yumuşaklığına göre ekleyebilirsiniz.

2. Domatesleri küçük bir fırın kabına alın. Zeytinyağı, ezilmiş sarımsak, tuz ve karabiber ekleyip karıştırın. Üzerini kapak veya yağlı kağıtla kapatın.

3. Domatesleri yumuşayana kadar önceden ısıtılmış 200 derece alt üst ayar fırında 17–20 dakika kadar pişirin.

4. Peynir dip sosunu tabağa alıp üzerine domatesleri ekleyin. Tavada kalmış olan sarımsaklı yağı üzerine gezdirin ve kızartılmış ekmek ile keyfini çıkarın.

Yoğurtlu biber mezesi

Aslında bildiğimiz yoğurtlu biber kızartması fakat sunumu biraz farklı. Bazen en basit tarifler en lezzetlisi oluyor. Sadece ekmek ile kahvaltıda veya yemek eşliğinde harika. 👌

2 porsiyon 10 dakika

Malzemeler

2 adet büyük boy kırmızı kapya biber
3 yemek kaşığı sıvı yağ
Bir tutam tuz
1 diş ezilmiş sarımsak
3 yemek kaşığı tepeleme yoğurt
3 yemek kaşığı tepeleme ekşi krema veya süzme yoğurt

Üzeri için

Yarım avuç dolusu iri dövülmüş ceviz
2 yemek kaşığı sıvı yağ
Yarım tatlı kaşığı kırmızı toz biber
1 yemek kaşığı kıyılmış maydanoz

Hazırlanışı

1 Biberleri orta boy küp halinde doğrayın. Tavaya sıvı yağı, biberleri ve bir tutam tuz ekleyip ocağın altını açın. Yağın sıçramasını önlemek için kapak kullanabilirsiniz. Biberler kızarmaya başlayınca ocağın altını orta ateşe alın. Biberler yumuşayana kadar arada karıştırarak pişirin.

2 Sarımsağı ezdikten sonra yoğurt, süzme yoğurt ve bir tutam tuz ile karıştırıp servis tabağına yerleştirin. Üzerine biberleri ekleyin.

3 Ceviz, sıvı yağ ve kırmızı tozbiberi kısaca ocakta kızdırıp biberlerin üzerine gezdirin.

4 Ince kıyılmış maydanoz ile süsleyip servis edebilirsiniz. Afiyet olsun!

Tarif videosu ❤️

Guacamole soslu, domates - roka salatalı ve ekşi kremalı Bruschetta

Farklı bir Bruschetta. Bu kombinasyonun tadı tek kelimeyle enfes.

2–3 kişilik

20 dakika

200 °C | 8 dakika

Malzemeler
Sour Cream (Ekşi krema)

200 gr Magerquark/ Labne
100 gr Ekşi krema (Schmand)
1 ezilmiş sarımsak
1 yemek kaşığı limon suyu
1 yemek kaşığı sirke (elma veya üzüm)
Yarım tatlı kaşığı şeker
Yarım tatlı kaşığı tuz
Bir tutam karabiber
1 yemek kaşığı ince kıyılmış frenk soğanı

1. Adım

Tüm malzemeleri bir kapta karıştırın.

Malzemeler
Guacamole

2 yumuşak avokado
1 domates (çok ince kıyılmış)
Yarım limonun suyu
1 diş ezilmiş sarımsak
Bir tutam tuz
Bir tutam pulbiber
Bir tutam karabiber

2. Adım

Avokadoları ikiye bölün ve çekirdeklerini çıkarın. İçini bir kaşıkla alıp çatalla ezin. Doğranmış domatesleri, limon suyunu, sarımsağı ve baharatları ekleyip tüm malzemeleri karıştırın.

Malzemeler
Rokalı domates salatası

3 adet küçük doğranmış domates
Küçük bir kase ince kıyılmış roka
1 adet ince kıyılmış mor soğan
2-3 yemek kaşığı zeytinyağı
1-2 yemek kaşığı nar ekşisi
Bir tutam tuz

3. Adım

Tüm malzemeleri bir kapta harmanlayın.

Baget

1 Baget
1–2 diş sarımsak
Zeytinyağı

4. Adım

Bageti çok ince olmayacak şekilde dilimler halinde kesin ve yağlı kağıt serili bir fırın tepsisine dizin. Ardından üzerine zeytinyağını gezdirin. Fırının orta katında 200 derece alt üst ayar önceden ısıtılmış fırında altın sarısı olana kadar - 5–8 dakika - pişirin.
Fırından çıkarın hemen üzerine bir diş sarımsak sürün. Ardından üzerine önce guacamole, sonra domates-roka salatasını ve son olarak Sour Cream ekleyin. Bruschetta'nız servise hazır.

Not Nar ekşisi yerine balzamik krema da kullanabilirsiniz.

Salatalar

Kabaklı havuç salatası

Meze veya yemeklerin yanına hafif, yardımcı yemek olarak servis edebileceğiniz enfes bir tarif.

2–3 porsiyon

15 dakika

Malzemeler

5 adet havuç
1 adet kabak
3 yemek kaşığı zeytinyağı
1–2 diş sarımsak
8–9 yemek kaşığı yoğurt
4–5 yemek kaşığı mayonez
2 yemek kaşığı dolusu ekşi krema (veya süzme yoğurt)
Bir tutam tuz

Üzeri için

3 yemek kaşığı sıvı yağ
1 tatlı kaşığı kırmızı toz biber
Bir avuç ceviz (biraz küçültün)

Hazırlanışı

1 Havuçları ve kabağı rendeleyip bir tavaya alın. Üzerine zeytinyağını gezdirip kavurun. Ardından soğumaya bırakın.

2 Yoğurt, mayonez, ekşi krema, ezilmiş sarımsak ve tuzu karıştırın. Kavurduğunuz sebzeleri yoğurt sosuna ilave edip tekrar karıştırın.

3 Son olarak küçük bir tavada sıvı yağı, kırmızı toz biberi ve cevizleri kızdırıp salatanın üzerine gezdirin.

Önerim

Taze pancar kullanırsanız 2–3 taze pancarı kabuğu ile yumuşayana kadar haşlayın, soyun ve soğuduktan sonra ince şeritler halinde doğrayın.

Pancar salatası

Rengi ve tadı ile sofralarınıza çok yakışacak ferah bir salata.

3–4 porsiyon

15 dakika

Malzemeler

400–450 gr pancar turşusu
300 gr yoğurt (1,5 su bardağı)
3 yemek kaşığı mayonez
1 diş sarımsak
1 avuç dolusu iri dövülmüş ceviz
3–4 dal dereotu
3–4 yemek kaşığı mısır

Hazırlanışı

1. Pancar turşusunu ince şeritler halinde doğrayın ve bir kaseye alın. Üzerine iri dövülmüş ceviz ve mısır ekleyin.

2. Yoğurt, mayonez, ezilmiş sarımsak ve ince kıyılmış dereotunu karıştırın ve salataya ekleyip harmanlayın.

Tarif videosu

Tarif videosu

Patates salatası

Her türlü sofraya yakışan patates salatası. İster et yemekleri eşliğinde ister çay saatlerinde servis edebilirsiniz. Yapımı oldukça kolay, çok lezzetli bir salata tarifi.

5–6 porsiyon  40 dakika | 15–20 dakika

Malzemeler

1 kg patates (kabuklu tartılmış)
1 adet mor soğan
10–12 adet küçük kornişon turşu
150 ml sıcak su
1 tatlı kaşığı dolusu sebze tozu
1 tatlı kaşığı dolusu hardal
2 yemek kaşığı sirke (elma, üzüm…)
200 gr mayonez
Bir tutam tuz ve karabiber

Hazırlanışı

1. Öncelikle patatesleri kabukları ile haşlayın. Ardından süzüp bekletin. Ilıyan patatesleri soyup küp şeklinde doğrayın.

2. Soğanı ve kornişon turşuları küçük küçük doğrayıp patateslere ekleyin.

3. Sos için sıcak su, mayonez, sebze tozu, hardal, sirke, tuz ve karabiberi karıştırın.

4. Sosu salatanın üzerine gezdirin. Patatesleri dikkatlice ezmeden karıştırın. Sos sıvı görünse de patatesler kısa süre içerisinde çekiyor.

5. Isteğe bağlı ince kıyılmış maydanoz veya frenk soğanı da ekleyebilirsiniz. Salata sosunu 15–20 dakika çektikten sonra servise hazırdır.

Salatalıklı patates salatası

Özellikle yaz sofralarına yakışacak ferah bir salata.
Yapımı oldukça kolay, tadı ise şahane.

4 porsiyon 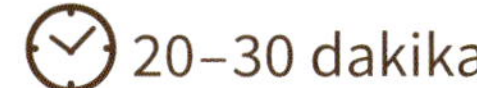 20–30 dakika

Malzemeler

3 adet orta boy patates
3 adet küçük boy salatalık
4 yemek kaşığı dolusu süzme yoğurt
1 yemek kaşığı dolusu mayonez
1 yemek kaşığı ince kıyılmış dereotu
1–2 diş sarımsak
Bir tutam tuz
Biraz zeytinyağı

Hazırlanışı

1. Patatesleri kabukları ile haşlayın. Soğuduktan sonra soyup rendeleyin. Salatalıkları da rendeleyin ve patateslerle birlikte bir kaseye alın.

2. Yoğurt, mayonez, ezilmiş sarımsak, tuz ve ince kıyılmış dereotunu bir kasede karıştırın. Patates ve salatalıkların üzerine gezdirip tekrar karıştırın. Salatayı servis tabağına aldıktan sonra üzerine biraz zeytinyağı gezdirip servis edebilirsiniz.

Yeşil mercimek salatası

Çok renkli, sağlıklı ve doyurucu bir salata.

4 porsiyon

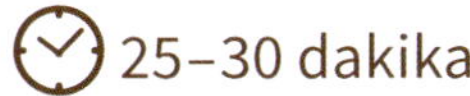

25–30 dakika

Malzemeler

200 gr yeşil mercimek (1 su bardağı)
2 adet közlenmiş kırmızı biber
2–3 yemek kaşığı konserve mısır
3–4 adet kornişon turşu
1 adet havuç
4–5 dal dereotu
4–5 dal maydanoz
3 yeşil soğan

Sosu için

5 yemek kaşığı zeytinyağı
Yarım limonun suyu
2 yemek kaşığı nar ekşisi
1 çay kaşığı sumak
1 silme tatlı kaşığı tuz

Hazırlanışı

1. Mercimeği önce yıkayın. Orta boy bir tencerenin içine koyup üzerini geçecek kadar su ilave edip, mercimekler yumuşayana kadar yaklaşık 20–25 dakika haşlayın. Ardından süzün ve derin bir kaseye alın.

2. Közlenmiş biberleri, kornişon turşuları küçük doğrayın. Maydanoz, yeşil soğan ve dereotunu incecik kıyın. Havuçları rendeleyin. Tüm malzemeleri mercimeğe ekleyin.

3. Sosu için zeytinyağını, nar ekşisi, limon suyu, tuz ve sumağı karıştırıp salatanın üzerine gezdirin. Harmanlayıp servis edebilirsiniz.

Havuçları isteğe bağlı tavada biraz zeytinyağı ekleyip kavurursanız daha güzel bir lezzet verir.

Zeytin salatası

Sofranıza renk katacak zeytin salatasını, ister kahvaltıda isterseniz ana yemeklerin yanında meze olarak servis edebilirsiniz.

2 porsiyon

15 dakika

Malzemeler

150 gr yeşil zeytin/çekirdeksiz
3 adet yeşil soğan
4 dal maydanoz
1 adet büyük boy domates
1 avuç ceviz içi
4 yemek kaşığı zeytinyağı
3 yemek kaşığı nar ekşisi
2 yemek kaşığı limon suyu
Yarım çay kaşığı tuz
Yarım çay kaşığı pulbiber
Yarım çay kaşığı sumak

Hazırlanışı

1 Zeytinleri ortadan ikiye bölün. Soğan, maydanoz ve domatesi küçükçe doğrayıp zeytinlere ekleyin.

2 Cevizleri rondoyla biraz küçültüp önceki malzemenize ekleyin.

3 Üzerine zeytinyağı, nar ekşisi, limon suyu, tuz, pulbiber ve sumak ekleyip karıştırın. Zeytin salatanız servise hazırdır.

Tarif videosu

Falafel ve tahin-yoğurt-soslu salata

Nohutun ıslatma süresinin uzun olması nedeniyle bir gün önceden hazırlamaya başlamanızı tavsiye ederim.

2–3 porsiyon  45 dakika 12 saat

Malzemeler (falafel)

200 gr kuru nohut (1 su bardağı)
1 küçük soğan
2 diş sarımsak
4–5 dal maydanoz
4–5 dal taze kişniş
1 çay kaşığı kabartma tozu
1 silme tatlı kaşığı tuz
1 silme tatlı kaşığı kişniş
1 silme tatlı kaşığı kimyon
Bir tutam karabiber
Yarım tatlı kaşığı pulbiber
4–5 yemek kaşığı un

Tahinli yoğurt sos

150 gr yoğurt
1,5 yemek kaşığı tahin
1 yemek kaşığı limon suyu
1 yemek kaşığı elma sirkesi
Bir tutam tuz ve karabiber

Salata

Kuzu marul veya diğer salata çeşitleri
Çeri domates
Nar taneleri
Dolmalık fıstık (tavada kavrulmuş olabilir)

Hazırlanışı

1 Nohutları haşlamanıza gerek yok. Sadece 1 gece öncesinden (en az 12 saat) suda bekletmeniz yeterli olacaktır.

2 Ertesi gün nohutların suyunu süzün, diğer malzemelerle birlikte rondodan geçirin. Un miktarını kıvamına göre ayarlayabilisiniz.

Falafel ve tahin-yoğurt-soslu salata

3 Harcın yuvarlama kıvamına gelebilmesini sağlamak için üzerini kapatıp 45 dakika buzdolabında dinlendirin.

4 Ardından yuvarlak köfteler hazırlayın. Elinize yapışırsa avucunuzu arada sıvı yağ ile yağlayabilirsiniz.

5 Derin bir tencere içinde sıvı yağı kızdırın. Isı ayarını kısıp (ben 9'dan 7'ye alıyorum) köfteleri kızartın. Fazla yağını çekmesi için köfteleri kağıt havlu üzerine alın.

6 Tahinli yoğurt sos malzemelerini ayrı bir kapta karıştırın. Sosu yıkanmış salata ve doğranmış domateslerin üzerine gezdirin.

7 Son olarak salatanızı nar taneleri ve çam fıstığı ile süsleyip falafel köfteleriyle birlikte servise sunabilirsiniz.

Tavuk şiş ve kıtır ekmekli Cesar salata

Cesar salatasını tanımayan yok sanırım. Kruton, marul, tavuk ve lezzetli bir sos. Buyurun benim tarifim: Evinizdeki malzemelerle yapabileceğiniz, orijinal tarifin biraz farklı versiyonu.

2 kişilik | 40 dakika | 30–60 dakika

Malzemeler

Salata için

1 roman marulu
1 adet havuç
2 dilim tost ekmeği
3 yemek kaşığı zeytinyağı
1 diş sarımsak
Parmesan peyniri

Salata sosu

50 gr yoğurt
50 gr mayonez
1 yemek kaşığı limon suyu
1 yemek kaşığı üzüm veya elma sirkesi
1 diş sarımsak
1 tatlı kaşığı hardal
15 gr rendelenmiş parmesan peyniri
Bir tutam tuz ve karabiber

Tavuk şiş

300–350 gr tavuk göğsü
3–4 yemek kaşığı sıvı yağ
1 yemek kaşığı tereyağı

Marinesi için

1 yemek kaşığı soya sosu
2 yemek kaşığı zeytinyağı
1 tatlı kaşığı kırmızı toz biber
1 diş ezilmiş sarımsak
0,5 tatlı kaşığı tuz

Hazırlanışı

1 Marulları temizleyin, yıkayın, doğrayın ve derin bir kaseye alın. Havucu jülyen soyup salataya ekleyin. Salata sosu için tüm malzemeleri bir kaba alın ve blenderden geçirin.

2 Tavuk göğsünü kuşbaşı doğrayın. Marinesi için gerekli olan tüm malzemeleri ekleyin ve harmanlayın. Şişlere dizin, üzerini streç ile kapatıp 30–60 dakika buzdolabında dinlendirin.

3 Kıtır ekmekler için tost ekmeklerini küçük küpler halinde kesin. Zeytinyağını bir tavaya alın ve orta ateşte ısıtın. Ezilmiş sarımsağı ekleyip karıştırın. Ekmek küplerini ilave edip orta ateşte, tavayı arada sallayarak kızartın. Krutonları bir tabağa alın ve soğumaya bırakın.

4 Tavada 3–4 yemek kaşığı sıvı yağ kızdırın ve tavuk şişleri orta ateşte her tarafından 4–5 dakika kızartın. Tavuklar pişmeye yakın 1 yemek kaşığı tereyağı ekleyin ve eridikten sonra tavuk şişlerin üzerine gezdirin. Güzel bir parlaklık elde edeceksiniz.

5 Salatanın üzerine salata sosunun ¾ ünü ekleyip karıştırın ve 2 tabağa paylaştırın.

6 Üzerine kıtır ekmekleri ve parmesan peynirini dağıtın. Tabağın kenarına tavuk şişlerini yerleştirin, kalan salata sosunu üzerine gezdirin. Yemeğiniz hazır!

Salata sosu tarifleri

Evinizde kolayca yapabileceğiniz birbirinden güzel üç salata sosu tarifi.

1–2 porsiyon  5 dakika

Malzemeler

Fransız sosu

4 yemek kaşığı yoğurt
2 yemek kaşığı mayonez
1 tatlı kaşığı hardal
1 yemek kaşığı sirke
1 yemek kaşığı zeytinyağı
1 diş sarımsak
1 tatlı kaşığı pudra şekeri
0,5 tatlı kaşığı tuz
Bir tutam karabiber

Hazırlanışı

1 Sos için tüm malzemeleri kremamsı bir kıvama gelene kadar bir mikser veya el blenderden geçirin.

Malzemeler

Yoğurt sosu

5 yemek kaşığı yoğurt
1 tatlı kaşığı bal
1 yemek kaşığı sıvı yağ
1 yemek kaşığı limon suyu
0,5 diş sarımsak (ezilmiş)
0,5 tatlı kaşığı tuz
Bir tutam karabiber

Hazırlanışı

2 Tüm malzemeleri bir kaseye aktarın ve pürüzsüz olana kadar karıştırın.

Malzemeler

Ballı hardal sosu

50 ml zeytinyağı
30 ml sirke (ben elma sirkesi kullanıyorum)
1 yemek kaşığı limon suyu
1 çay kaşığı hardal
2 çay kaşığı bal
1 diş sarımsak
Bir tutam biber
0,5 çay kaşığı tuz
20–30 ml su gerekebilir

Hazırlanışı

3 Sos için tüm malzemeleri kremamsı bir kıvama gelene kadar bir mikser veya el blenderden geçirin. Sosunuz aşırı koyu olursa biraz su ekleyebilirsiniz.

Salatanızın tuz içeriğinden dolayı solmasını önlemek için, sosunuzu servis yapmadan hemen önce ekleyin, bekletmeden tüketin.

Ana yemekler

Önerim

Çorbanız çok sulu ise nişastayı suyla iyice inceltikten sonra çorbanıza yavaşça karıştırarak ekleyip kıvamını ayarlayabilirsiniz. Çorbanız çok koyu ise bir miktar sıcak su ekleyerek kıvamını ayarlayabilirsiniz.

Fesleğenli köz domates çorbası

Klasik domates çorbası tarifi yerine farklı bir lezzet arıyorsanız közlenmiş fesleğenli domates çorbasını mutlaka denemelisiniz.

4 kişilik

30 dakika

200 °C | 20 dakika

Malzemeler

Köz domatesler için

800 gr domates (7-8 adet)
4 diş sarımsak
1 adet soğan
Zeytinyağı
1 tutam tuz ve karabiber

Çorbası için

1,5 yemek kaşığı tereyağı
2 yemek kaşığı un
1 yemek kaşığı domates salçası
1 l tavuk suyu
5-6 yaprak taze fesleğen
1 küp şeker
0,5-1 tatlı kaşığı tuz

Hazırlanışı

1. Domatesleri ortadan ikiye bölüp fırın tepsisine yerleştirin. Sarımsakları da ortadan ikiye bölüp domateslerin ortasına yatırın. Soğanı dörde bölüp domateslerin aralarına dağıtın.

2. Üzerlerine zeytinyağı tuz ve karabiber gezdirip önceden ısıtılmış 200 derece alt üst ayar fırında yaklaşık 20 dakika közleyin.

3. Fırından çıkan domatesleri kabuklarından ayırın. Bir tencerede tereyağını eritin ve unu ekleyip kokusu çıkana kadar kavurun. Köpürmeye başlayınca domatesleri ve salçayı ilave edip bir süre kavurmaya devam edin. Domateslerin rengi yeterince kırmızı ise domates salçasını eklemeye gerek kalmaz.

4. Tencereye tavuk suyunu, şekeri ve tuzu ekleyip 15 dakika orta ateşte pişirmeye devam edin.

5. Son olarak taze fesleğeni de ekleyin blenderden geçirip bir taşım daha kaynatın.

Karnabahar çorbası

Karnabahar pek sevilen bir sebze türü değil, fakat eminim bu karnabahar çorbasını çok beğeneceksiniz. Üstelik hazırlaması çok kolay. İhtiyacınız olan tek şey birkaç malzeme ve 30 dakika zaman.

4 kişilik

Malzemeler

2 yemek kaşığı sıvı yağ
Yarım yemek kaşığı tereyağı
320–350 gr karnabahar
150 gr patates
(1 orta büyüklükte)
1 adet soğan
1 litre tavuk suyu veya sebze suyu
0,5–1 tatlı kaşığı tuz
(tavuk veya sebze suyunun tuzuna göre)
50 ml krema veya süt
Bir tutam muskat rendesi

Hazırlanışı

1. Soğanı ince kıyın. Karnabaharı temizleyip küçük çiçeklere ayırın. Patatesin kabuklarını soyun ve küp şeklinde doğrayın.

2. Sıvı yağ ve tereyağını bir tencerede eritip soğanları soteleyin. Karnabahar ve patatesi de ekleyip 1 dakika daha soteleyin.

3. Tavuk veya sebze suyunu tuzla birlikte ilave edip kaynatın. Altını kısın ve patatesler yumuşayana kadar üzeri kapalı yaklaşık 25–30 dakika pişirin.

4. Ardından çorbayı blenderden geçirin. Tekrar ocağa alın, kremayı ve muskat rendesini ekleyin. Bir taşım kaynattıktan sonra servis edebilirsiniz.

Kuru ekmeğiniz varsa küpler halinde doğrayın, tavada kısa bir süre kızartın ve çorbanın yanında kruton olarak servis edin.

Havuçlu mantar çorbası

Çok lezzetli ve oldukça kolay bir çorba tarifi.

3-4 kişilik

Malzemeler

1 tepeleme yemek kaşığı tereyağı
2 yemek kaşığı sıvı yağ
3 yemek kaşığı un
150 gr mantar (minik doğranmış)
2 adet havuç (minik doğranmış)
1 küçük boy soğan (minik doğranmış)
1 diş sarımsak (ezilmiş)
500 ml tavuk veya sebze suyu
300 ml su
100 ml krema (krema yerine süt kullanabilirsiniz)
100 ml süt
Bir tatlı kaşığı tuz
Bir tutam karabiber
4-5 dal dereotu

Hazırlanışı

1. Tereyağ ve sıvı yağı tencereye alın, soğanları ekleyip kavurmaya başlayın. Soğanlar pembeleşmeden havuçları da katıp birlikte bir süre pişirmeye devam edin.

2. Sarımsağı ve mantarları da ilave edip, mantarlar diriliğini kaybedene kadar karıştırın.

3. Sebzelerin üzerine unu ekleyip kavurun. Sebze suyunu ve suyu karıştırarak ekleyin. 5-10 dakika kadar pişirin.

4. Sütü ve kremayı ilave edin. Baharatları ve dereotunu da ekleyip bir taşım kaynadıktan sonra servis edebilirsiniz.

Terbiyeli sulu köfte (Ekşili Köfte)

Bu köfteli çorba oldukça doyurucu ve bu nedenle neredeyse küçük bir ana yemek olarak görülebilir. Özellikle limon suyu bu çorbaya muhteşem bir lezzet katar.

Malzemeler

Köfteler için

300 gr dana kıyma
60 gr ince köftelik bulgur (0,75 çay bardağı)
1 küçük soğan rendesi
1 diş sarımsak rendesi
1 yumurta beyazı (sarısı çorbanın terbiyesi için)
Yarım tatlı kaşığı kırmızı toz biber
1 silme tatlı kaşığı tuz
Bir tutam karabiber
Yarım tatlı kaşığı pulbiber
Muhtemelen biraz soğuk su
2 yemek kaşığı un

Çorbası için

2 orta boy patates
2 orta boy havuç
Yarım yemek kaşığı tereyağı
2 yemek kaşığı sıvı yağ
1,2 l su (6 su bardağı)
1 tatlı kaşığı tuz
1 yumurta sarısı
1 tepeleme yemek kaşığı un
100 gr yoğurt (1 çay bardağı)
Yarım limonun suyu
Biraz maydanoz

Hazırlanışı

1 Öncelikle köfte malzemelerini bir kaba alıp iyice yoğurun. Kıvamı kuru ise biraz soğuk su ilave edin. Köfte harcını uzun (8 – 9 dakika) yoğurmaya özen gösterin, aksi takdirde pişerken dağılabilirler.

2 Elinizi arada ıslatarak yuvarlak küçük köfteler hazırlayın. 2 yemek kaşığı un serpilmiş bir tepsiye alın ve arada sallayarak una bulayın.

3 Patates ve havucu küçük küpler halinde doğrayın. Tencerede sıvı yağ ve tereyağını kızdırıp patates ve havucu ekleyip kısa bir süre kavurun. Suyunu ekleyip karıştırın ve kaynamaya bırakın.

Terbiyeli sulu köfte (Ekşili Köfte)

4 Kaynamaya başlayınca köfteleri de ilave edin ve orta ateşte sebzeler yumuşayana kadar pişirin.

5 Ayrı bir kapta çorbanızın terbiyesini hazırlayın. Limon suyu, yumurta sarısı, yoğurt ve unu iyice çırpın. Üzerine ılıması için pişen çorbanın suyundan 1 kepçe ilave edin. Ardından terbiyeyi yavaş yavaş karıştırarak çorbanıza ekleyin.

6 Sürekli karıştırarak kaynamaya bırakın. 2–3 dakika sonra tuzunu ekleyip tekrar karıştırın ve üzerine ince kıyılmış maydanoz serpip ocaktan alın. Tencerenin üstünü yoğurdun kesilmemesi için bir süre açık bırakın.

Önerim

Yemeğin daha lezzetli olması için suyun yarısına et suyu kullanabilirsiniz.

Ispanaklı ve kremalı makarna (Farfalle)

Bu makarnayı hazırlamak çok kolay, üstelik tadı harika.
Yanına isteğe bağlı somon fileto da kızartabilirsiniz.

2–3 kişilik   20 dakika

Malzemeler

200 gr makarna
2 yemek kaşığı sıvı yağ
60 gr bebek ıspanak
150 ml krema
50 gr krem peynir
Bir avuç rendelenmiş mozarella peyniri
1 küçük soğan
1 diş sarımsak
Bir tutam muskat rendesi
Yarım tatlı kaşığı sebze tozu
Bir tutam tuz ve karabiber

Hazırlanışı

1. Makarnaları tuzlu suda haşlayın. Bu arada ıspanakları yıkayın ve yüksek bir kaseye koyun. Üzerine krem peynir ve kremayı da ekleyip pürüzsüz bir kıvam alana kadar blenderden geçirin.

2. Tavada 2 yemek kaşığı sıvı yağ gezdirin ve önceden ince kıyılmış soğanı ardından ezilmiş sarımsağı ekleyip kavurun. Hazırladığınız yeşil sosu da ilave edip karıştırın.

3. Bir avuç rendelenmiş mozarella peyniri ve baharatları da ekleyip peynir eriyene kadar karıştırmaya devam edin.

4. Haşlanan makarnaları sosun içerisine aktarın. Kıvamına göre yarım kepçe makarnanın haşlama suyundan ilave edin ve karıştırın. Sıcak servis yapın.

Domatesli, ıspanaklı gnocchi (patates makarnası)

Kısa sürede hazırlayabileceğiniz oldukça lezzetli ve pratik bir yemek tarifi.

2–3 kişilik

15 dakika

Malzemeler

500 gr Gnocchi
2 yemek kaşığı zeytinyağı
1–2 diş sarımsak
8–10 adet çeri domates
200 ml krema
100 ml süt
3 yemek kaşığı rendelenmiş parmesan peyniri
Yarım tatlı kaşığı tuz
Bir tutam karabiber
Yarım tatlı kaşığı kırmızı toz biber
1 tatlı kaşığı sebze tozu
150 gr bebek ıspanak

Hazırlanışı

1. Tavada zeytinyağını kızdırıp ezilmiş sarımsağı ortadan bölünmüş domatesleri de ekleyip kısa bir süre kavurun.

2. Üzerine kremayı, sütü, parmesan peynirini, tuz ve baharatları ekleyip karıştırın.

3. Kaynamaya başlayınca Gnocchileri de ilave edip karıştırın. Yumuşayana kadar 5–6 dakika pişirin.

4. Son olarak ıspanağı ekleyin ve diriliğini kaybedene kadar kısa bir süre pişirin. Ardından sıcak sıcak servis edebilirsiniz.

Mascarponeli makarna

Vaktiniz kısıtlıysa sebzeli ve mascarponeli makarna sizin için ideal, hızlı ve oldukça lezzetli bir tarif.

2–3 porsiyon 15 dakika

Malzemeler

200 gr spagetti
1 küçük kabak
1 büyük havuç (veya iki küçük)
1 adet soğan
1 diş sarımsak
1 yemek kaşığı tereyağı
1 yemek kaşığı sıvı yağ
100 ml süt
1 tatlı kaşığı sebze tozu
120 gr mascarpone peyniri
3–4 fesleğen yaprağı
1 yemek kaşığı limon suyu
1 yemek kaşığı çam fıstığı/ dolmalık fıstık

Hazırlanışı

1 Makarnayı tuzlu suda 8–10 dakika pişirin. Bu arada çam fıstıklarını yağsız bir tavada kavurun. Tavadan alıp kenarda bekletin.

2 Kabak ve havuçları sebze jülyen soyucu kullanarak ince uzun şeritler halinde kesin. Tabii ki bıçak da kullanabilirsiniz.

3 Sıvı yağ ve tereyağını bir tavada ısıtın. İnce doğranmış soğan ve sarımsağı ekleyip kavurmaya başlayın.

4 Ardından sebzeleri ekleyip birlikte kavurmaya devam edin. Sütü, baharatları, limon suyunu ve mascarponeyi ilave edip karıştırın. Sebzeler biraz yumuşayana kadar yaklaşık 5 dakika pişirin. Son olarak ince kıyılmış fesleğeni ekleyin.

5 Yaklaşık yarım kepçe makarna suyunu sosa verip karıştırın. Spagettiyi sos ve kavrulmış çam fıstığı ile sıcak servis edebilirsiniz.

Önerim Közlediğiniz sebzeleri daha kolay soyabilmeniz için, henüz sıcakken derin bir kaba alın. Üzerine streç filmi hava almayacak şekilde kapatın. 15–20 dakika bekletip sebzeleri elinizle soyun.

Köz biberli makarna

Hazırlaması pratik, lezzetli bir makarna yemeği. Biberler fırında közlenir ve ardından kremalı bir sos haline getirilir. Özellikle çocukların favorisi!

3 kişilik | 20 dakika |  200 °C | 10 dakika

Malzemeler

250–270 gr makarna
2 adet domates
3 adet kırmızı kapya biber
2–3 diş sarımsak
1 küçük soğan
3 yemek kaşığı zeytinyağı
150 ml krema
0,5–1 kepçe makarnanın haşlama suyu
Yarım tatlı kaşığı tuz
Bir tutam karabiber
Yarım tatlı kaşığı sebze tozu
5–6 yaprak taze fesleğen

Hazırlanışı

1. Biberleri ve domatesleri ortadan kesin, yağlı kağıt serili tepsiye yerleştirin. Aralarına sarımsak serpin. Üzerine zeytinyağı gezdirip 200 derece alt üst ayarda fırına verip yumuşayana kadar közleyin.

2. Makarnaları tuzlu suda haşlayın. Bir kepçe makarna suyunu kenara ayırın.

3. Biberler ve domatesler yumuşadıktan sonra fırından alın, kabuklarını soyun. Sarımsakları, soğanı ekleyin. Üzerine kremayı, yarım kepçe makarna suyunu, taze fesleğeni ve baharatları ilave edip blenderden geçirin. Kıvamı çok koyu ise biraz daha makarnanın suyundan ekleyebilirsiniz.

4. Makarnayı süzün ve köz biber sosunu üzerine gezdirip ocakta kısaca karıştırın. Sıcak servis edin.

Nohutlu patlıcan yemeği

Yanında pilav ve cacık ile nefis bir menü hazırlayabilirsiniz

3 porsiyon  30 dakika

Malzemeler

2 adet patlıcan
Patlıcanları kızartmak için biraz sıvı yağ
200 gr haşlanmış nohut (1 büyük su bardağı)
3 yemek kaşığı zeytinyağı
1 adet soğan
1 küçük kırmızı kapya biber
2 yeşil sivri biber
2 adet domates (soyulmuş doğranmış)
1 tepeleme yemek kaşığı domates salçası
1–2 diş sarımsak
250–280 ml su (1–1,25 büyük su bardağı)
Bir tatlı kaşığı tuz
Bir tutam pulbiber ve karabiber

Hazırlanışı

1 Önce patlıcanları küp şeklinde doğrayın, tuzlu suda yarım saat bekletin. Ardından süzüp kurulayın.

2 Tencerenin tabanını kaplayacak kadar sıvı yağ kızdırın ve patlıcanları kızartıp tencereden alın.

3 Aynı tencerede 3 yemek kaşığı zeytinyağı kızdırın, doğranmış soğanları kavurun. Ardından ezilmiş sarımsak ve doğranmış biberleri de ekleyip kavurmaya devam edin.

4 Salçayı ve domatesi ekleyip karıştırın. Üzerine su ve baharatları ilave edin. Son olarak haşlanmış nohut ve patlıcanları da tencereye alıp karıştırın.

5 Kapağını kapatın ve kısık ateşte yarım saat pişirin. Ardından ince kıyılmış maydanoz serpip servis edebilirsiniz.

Tarif videosu

Önerim

Bu tarif icin hazır haşlanmış nohut da kullanbilirsiniz. 300 gr haşlanmış nohut yeterli olacaktır.

Fırında nohut tava

Pilavın yanında veya sadece ekmek ile servis edebileceğiniz sebzeli, renkli ve kolay nohut tava. Mutlaka yanında ayran da ikram edin. 😍

4–5 kişilik  30 dakika 1 gün  230 °C | 40 dakika

Malzemeler

150 gr kuru nohut
(0,75 su bardağı)
3 adet domates
2–3 adet yeşil sivri biber
2 adet soğan
2 diş sarımsak
2 tatlı kaşığı isot
(az acılı = 1 tatlı kaşığı)
1 tatlı kaşığı kırmızı toz biber
Yarım tatlı kaşığı kimyon
1–1,5 tatlı kaşığı tuz
1 yemek kaşığı domates salçası
1 tatlı kaşığı biber salçası
50 ml sıvı yağ
(yarım çay bardağı)

Hazırlanışı

1. Kuru nohutu bir gece öncesinden üzerini 2 parmak geçecek kadar suya koyup bekletin.

2. Nohutları ertesi gün süzüp yıkayın. Düdüklü veya normal tencereye alıp üzerini 3 parmak geçecek kadar su koyup kaynatın. Ardından ocağın altını kısın. Normal tencere kullanırsanız yaklaşık 1 saat, düdüklüde 25 dakika yumuşayana kadar haşlayın.

3. Nohutları bir fırın kabına alın. Üzerine soyulmuş ve doğranmış domatesleri, doğranmış biberleri, ince dilimlenmiş sarımsağı, piyazlık doğranmış soğanları, salçaları, baharatları ve sıvı yağı ekleyip harmanlayın.

4. Bir adet yağlı kağıdı buruşturun ve ıslatın. Yemeğin üzerini hava almayacak şekilde iyice kapatın. Önceden ısıtılmış 230 derece alt üst ayar fırına verin ve yaklaşık 40 dakika pişirin. Sürenin ortasında yemeği bir kez karıştırın. Fırından aldığınız yemeğin üzerine ince kıyılmış maydanoz serpip servis edebilirsiniz.

Kurutulmuş domatesli ve ıspanaklı tavuk tava

Bu lezzetli tavuk tavayı pilav, makarna veya patates püresi ile servis edebilirsiniz.

3 kişilik

Malzemeler

400 gr tavuk göğsü
(kuşbaşı doğranmış)
3 yemek kaşığı zeytinyağı
1 tatlı kaşığı kırmızı toz biber
Yarım tatlı kaşığı kekik
Bir tutam tuz

Ayrıca

2 yemek kaşığı sıvı yağ
Yarım yemek kaşığı tereyağı
1 adet soğan
1 diş sarımsak
50 gr kurutulmuş domates
2 tatlı kaşığı nişasta
125 ml tavuk suyu veya
sebze suyu
125 ml krema
1 tatlı kaşığı domates salçası
75 gr bebek ıspanak
5-6 yaprak taze fesleğen
Bir tatlı kaşığı silme tuz
Br tutam karabiber

Hazırlanışı

1 Tavukları sıvı yağ, kırmızı toz biber, kekik ve tuz ile marine edin. Soğanı ince kıyın. Kurutulmuş domatesleri doğrayın.

2 Tavada sıvı yağı kızdırın ve tavukları kızartın. Tereyağını, soğanı ve ezilmiş sarımsağı ekleyip kavurmaya devam edin.

3 Kurutulmuş domatesleri ve salçayı ekleyip biraz kavurduktan sonra tavuk veya sebze suyuna nişasta karıştırıp tavaya ekleyin. Ardından kremayı ve baharatları da ilave edip kaynamaya bırakın.

4 Ocağın altını kısın, tavanın kapağını kapatın ve 20 dakika pişmeye bırakın.

5 Son olarak ıspanağı ve fesleğeni ekleyip diriliğini kaybedene kadar kısaca pişirin

Tavuk göğsünün eşit büyüklükteki parçalar halinde kesildiğinden emin olun, böylece pişirme süresi tüm parçalar için aynı olacaktır.

Önerim

Yemeği zenginleştirmek isterseniz, fırın kabına mantar, biber, bezelye gibi sebzeler de ekleyebilirsiniz.

Fırında tavuklu köfte ve patates

Yeterli zamanınız olmamasına rağmen akşama yine de nefis bir yemek hazırlamak isterseniz bu tarif tam size göre. Yanında yeşil salata veya pilav ile servis edebilirsiniz.

3–4 kişilik  30 dakika  30 dakika  190 °C | 40 dakika

Malzemeler

tavuk köfte için

400 gr tavuk göğsü
7–8 yemek kaşığı galeta unu
1 adet küçük boy soğan
1 diş sarımsak
4–5 dal maydanoz
1 tatlı kaşığı biber salçası
1 adet yumurta (küçük veya orta boy)
1 silme tatlı kaşığı tuz
Bir tutam karabiber
1 tatlı kaşığı kırmızı toz biber
Yarım tatlı kaşığı kimyon

Ayrıca

10–12 adet minik patates

Sosu için

Yarım yemek kaşığı tereyağı
1 yemek kaşığı sıvı yağ
1 yemek kaşığı domates salçası
Yarım yemek kaşığı biber salçası
350 ml su (1,75 su bardağı)
1 silme tatlı kaşığı tuz
Yarım tatlı kaşığı kekik
Bir tutam karabiber

Hazırlanışı

1 Köfte için gerekli olan malzemeleri bir rondoya alın ve kıyma kıvamına gelene kadar çekin.

2 Köfte harcını yarım saat buzdolabında bekletin. Kendini çekince daha kolay şekil verebilirsiniz.

3 Harçtan elinizi arada yağlayarak yuvarlak köfteler hazırlayın. Köfteleri bir fırın kabına dağıtın. Aralarına 3 parçaya bölünmüş minik patatesleri yerleştirin.

4 Tereyağı ve sıvı yağı küçük bir tencereye alın, salçaları ekleyip birlikte kavurun. Su ve baharatları da ekleyip kaynatın. Köfte ve patateslerin üzerine gezdirin.

5 Bir yağlı kağıdı buruşturup ıslatın ve yemeğin üzerine kapatın. Önceden ısıtılmış 190 derece fanlı fırına verin ve patatesler yumuşayana kadar yaklaşık yarım saat pişirin.

6 Üzerindeki yağlı kağıdı alın, 10 dakika daha kızarana kadar pişirin.

Sebzeli şehriye pilavı üzerinde tavuk şinitzel

Lezzetli ve kolayca hazırlanacak bir yemek. Bir yandan sebzeli şehriye pilavı pişerken, diğer yandan şinitzelleri hazırlayıp kızartabilirsiniz. Böylece sonunda her ikisi de aynı anda masada hazır olur.

3–4 kişilik

40 dakika

Malzemeler

1 yemek kaşığı tereyağı
1 yemek kaşığı sıvı yağ
1 adet soğan
1 diş sarımsak
200 gr şehriye (1 büyük su bardağı)
8–10 adet mantar
Yaklaşık 60 gr bebek ıspanak
Bir tatlı kaşığı tuz
Bir tutam karabiber
350 ml su veya sebze suyu
100 ml krema (süt ile yarı yarıya kullanabilirsiniz)
2–3 yemek kaşığı parmesan peyniri

Şinitzel

500 gr tavuk şinitzel
Bir kase un
2 adet yumurta
Bir kase galeta unu
Tuz, karabiber

Hazırlanışı

1 Öncelikle tavada tereyağını ve sıvı yağı kızdırın. Yemeklik doğranmış soğanı, ardından ezilmiş sarımsağı ekleyip kavurmaya başlayın. Mantarları da ekleyip yüksek ateşte kavurmaya devam edin.

2 Şimdi şehriyeleri de ekleyip biraz kavurduktan sonra suyu, kremayı, tuz ve karabiberi ilave edip kaynamaya bırakın.

3 Tavanın kapağını kapatıp orta ateşte arada karıştırarak şehriyeler yumuşayana kadar pişirin.

4 Tavukları ince dilimler halinde kesin. Hafif buzluyken daha rahat ve daha ince kesebilirsiniz. Arkalı önlü tuz ve karabiber ile lezzetlendirin. Yumurtaları bir kasede iyice çırpın.

5 Tavukları sırayla una, sonra yumurtaya ve galeta ununa bulayıp kızgın yağda kızartın.

6 Son olarak pilavınza parmesan peyniri ve ıspanağı ekleyip karıştırın. Ispanaklar diriliğini kaybedene kadar 1–2 dakika pişirmeye devam edin. Şinitzel ile birlikte servise sunabilisiniz.

Tarif videosu ❤️

Soslu köfte

Soslu köfte herkesin bildiği bir yemektir. Elbette herkesin bu yemeği hazırlamak için kendine özgü bir tarzı vardır. Bu yüzden evde çok sevilen kendi versiyonumu sizlerle paylaşıyorum.

3 kişilik | 60 dakika | 60 dakika

Malzemeler

Köfteler

400 gr dana kıyma
1 küçük soğanın rendesi
6 yemek kaşığı galeta unu
1 orta boy yumurta
1 tatlı kaşığı biber salçası
1 tatlı kaşığı hardal
1 tatlı kaşığı kırmızı toz biber
1 silme tatlı kaşığı tuz
Yarım tatlı kaşığı kimyon
Bir tutam karabiber
İnce kıyılmış maydanoz

Sosu

1 yemek kaşığı tereyağı
1 küçük soğan
1 diş sarımsak
1 adet havuç
5-6 adet mantar
1 tatlı kaşığı domates salçası
1 tatlı kaşığı hardal
1 yemek kaşığı un
320 ml et veya sebze suyu
50 ml krema
Yarım tatlı kaşığı tuz
İnce kıyılmış maydanoz

Patates püresi

600 gr patates
50 gr tereyağı
100 ml süt (1 çay bardağı)
Bir tutam muskat rendesi, tuz, karabiber

Hazırlanışı

Köfteler

1. Köfte malzemelerini derin bir kabın içerisinde yoğurun. Üzerini streç ile kapatın ve 1 saat buzdolabında dinlendirin.

2. Ardından yuvarlak köfteler hazırlayın ve üzerine biraz bastırın. Tavada az sıvı yağda orta ateşte kızartın. Tamamen pişmesine gerek yok. Köfteleri tavadan alın.

Önerim

Köfte yapımında dikkat etmeniz gereken püf noktalar: Köfte harcını uzun yoğurmaya özen gösterin. Böylece dağılmasını önlersiniz. Köftelerin lezzetli olması için mutlaka harcı yoğurduktan sonra üzerini streç ile kapatıp buzdolabında bir saat dinlendirin. Köftelerinizi orta ateşte pişirmeye özen gösterin.

Soslu köfte

Sosu

3 Aynı tavada tereyağını eritin, minik doğranmış soğan ve ezilmiş sarımsağı ekleyip renk alana kadar kavurun.

4 Salça ve hardalı ilave edin, kısaca birlikte kavurun. Dilimlenmiş mantar ve havucu ekleyip kavurmaya devam edin. Unu üzerine serpin ve karıştırın.

5 Et veya sebze suyunu karıştırarak ekleyin, ardından kremayı ve tuzunu katın. Kıvam alan sosun içerisine köfteleri ilave edin ve 25-30 dakika kısık ateşte kapağı kapalı pişirin. Son olarak üzerine maydanoz serpin.

Patates püresi

6 Patatesleri soyup 2-3 iri parçalar halinde kesip tuzlu suda haşlayın.

7 Tereyağını ve sütü küçük bir tencerede ısıtın. Patatesleri süzüp henüz sıcakken içerisine tereyağ ve süt karışımını yavaşça ekleyin, ezerek karıştırın. Tuz, muskat rendesi ve karabiber ile lezzetlendirin.

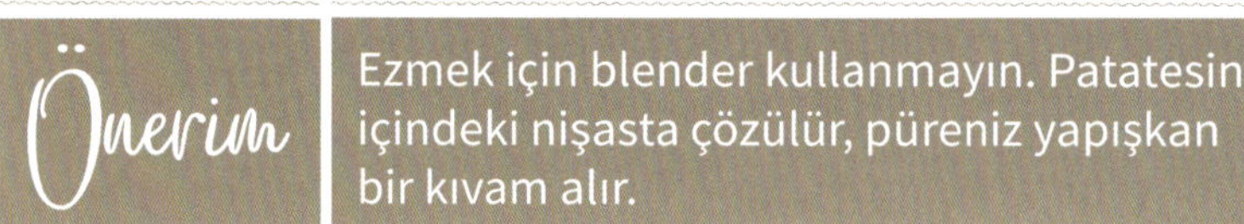

Etli ve sebzeli şehriye pilavı

Çok beğeneceğiniz besleyici ve doyurucu bir pilav tarifi.

3 kişilik | 40 dakika | 30 dakika

Malzemeler

250 gr arpa şehriye
(1 büyük su bardağı)
50 gr bezelye
1 adet havuç
250 gr kuşbaşı dana eti
(antrikot)
450 ml su veya et suyu
(2 büyük su bardağından
biraz az)
2 çorba kaşığı sıvı yağ
1 çorba kaşığı tereyağı
1 tatlı kaşığı tuz

Hazırlanışı

1 Tencerede 2 yemek kaşığı sıvı yağ kızdırın ve etleri ekleyip kavurun. Rengi dönünce ocağı orta ateşe alın, tencerenin kapağını kapatın ve etler suyunu salıp geri çekene kadar pişirin.

2 Havuçları kibrit çöpü şeklinde doğrayın. Etlerin üzerine tereyağını ve havuçları ekleyip kavurmaya başlayın. Arpa şehriyeleri de ilave edip kavurmaya devam edin. Üzerine su veya et suyu dökün, tuzu ve bezelyeleri de ekleyip karıştırın.

3 Tencerenin kapağını kapatın ve ocağı orta ateşe alın. Şehriyeler suyunu çekene kadar yaklaşık 15 dakika kadar pişmeye bırakın. Yemeğinizi tencerede 5–10 dakika dinlendirdikten sonra servis edebilirsiniz.

Kıbrıs köfte (patatesli köfte)

Ekonomik, pratik ve lezzetli bir yemek tarifi.

2-3 kişilik  30 dakika

Malzemeler

300 gr dana kıyma
300 gr patates (3 orta boy)
1 adet soğan
1 adet yumurta
2 adet tost ekmeği
Yarım tatlı kaşığı kimyon
1 silme tatlı kaşığı tuz
Bir tutam karabiber
1 tatlı kaşığı kırmızı toz biber
Bir tutam pulbiber
3-4 dal ince kıyılmış maydanoz
Kızartmak için sıvı yağ

Hazırlanışı

1 Patatesleri soyup yıkayın. Ardından rendenin ince tarafı ile rendeledikten sonra suyunu iyice sıkın..

2 Tost ekmeğini robottan geçirin. Soğanı rendeleyin, maydanozu ince kıyın. Patatesleri derin bir kaba alıp diğer gerekli olan malzemeleri ekleyin. Tüm malzemeleri iyice yoğurup üzeri kapalı 1 saat buzdolabında dinlendirin.

3 Ellerinizi arada ıslatarak köftelere istediğiniz şekli verin. Ben ince uzun yapmayı tercih ettim.

4 Bir tavada sıvı yağı kızdırın. Yağın miktarı köftelerin yarısı yağın içerisinde kalacak kadar olsun. Yağ kızdıktan sonra ısıyı 9'dan 7,5-8'e alın ve köfteleri kızartın.

5 Köfteleri fazla yağın emilmesi için bir kağıt havlunun üzerine alın. Yanında küçük pideler, yoğurt dip sos ve salata ile ikram edebilirsiniz.

Kıymalı patates yemeği

Hazırlaması kolay, hızlı ve çok lezzetli.
Taze ekmek ve renkli bir salata ile servis edebilirsiniz.

4–5 kişilik   40 dakika

Malzemeler

400 gr dana kıyma
600 gr patates (kabuk ile tartılmış)
1 adet soğan
2 orta boy havuç
1 kırmızı biber
1 diş sarımsak
1 tepeleme yemek kaşığı domates salçası
300 gr domates püresi
400 ml su veya et suyu
1 kesme şeker (domatesin ekşiliğini alması için)
1 tatlı kaşığı tuz
1 tatlı kaşığı kırmızı toz biber
İsteğe bağlı 0,5–1 tatlı kaşığı pulbiber
Bir tutam karabiber
1 defne yaprağı

Hazırlanışı

1 İlk önce patatesleri soyun ve orta büyüklükte kesin. Biberleri ve havuçları da aynı şekilde orta boy parçalar halinde doğrayın. Soğanları ve sarımsakları ince kıyın.

2 Yağlı bir tavayı ısıtın ve kıymayı ufalanana kadar kavurun. Soğan ve sarımsağı da ekleyin.

3 Domates salçası, kırmızı toz biber, patates, havuç ve biberleri de ilave edip birlikte kavurmaya devam edin.

4 Domates püresini, su veya et suyunu ve defne yaprağını ekleyin. Üzeri kapalı orta ateşte yaklaşık 30–40 dakika, patatesler yumuşayana kadar pişirin. Sonunda tuz, karabiber ve kıyılmış maydanozu da ilave edin. Yemeğin ne kadar sıvı olmasını istediğinize göre biraz daha sıcak su ekleyebilirsiniz. Daha koyu olmasını istiyorsanız, suyun buharlaşması için yüksek ateşte kapağı açık olarak kısa bir süre kaynatın.

5 İsteğe bağlı üzerine frenk soğanı serpip ekşi krema veya yoğurt ile servis edebilirsiniz.

Köfteli patlıcan ve kabak sarması

Son derece lezzetli ve görsel olarak da muhteşem olan bir yemek tarifi. Yoğurt ve pilav eşliğinde servis edebilirsiniz.

5 kişilik  60 dakika  60 dakika  190 °C | 35 dakika

Malzemeler

Köfteler için

400 gr dana kıyma
6 yemek kaşığı galeta unu
1 adet yumurta (küçük veya orta)
1 rendelenmiş soğan
1 diş ezilmiş sarımsak
1 tatlı kaşığı biber salçası
1 silme tatlı kaşığı tuz
1 tatlı kaşığı kırmızı toz biber
Yarım tatlı kaşığı kimyon
Bir tutam karabiber
4–5 dal maydanoz
2–3 yemek kaşığı sıvı yağ (kızartmak için)

Ayrıca

2 adet patlıcan
2 adet kabak
2 adet domates
Kızartmak için sıvı yağ

Sosu için

1 yemek kaşığı tereyağı
1 yemek kaşığı domates salçası
1 tatlı kaşığı biber salçası
200 ml sıcak su (1 su bardağı)
Bir tutam tuz ve karabiber

Hazırlanışı

1. Köfte malzemelerini derin bir kaba alın ve yoğurun. Sonradan dağılmalarını önlemek için uzun süre yoğurmaya özen gösterin. Elinizi arada yağlayarak köfteleri hazırlayın. Üzeri kapalı buzdolabında 1 saat dinlendirin.

2. Patlıcan ve kabağı uzunlamasına dilimleyin. Tavada sıvı yağ ile arkalı önlü kızartın.

3. Patlıcan ve kabaklar kızardıktan sonra, aynı tavada köfteleri de kızartın. Şimdi patlıcan ve kabak dilimlerinin bir kenarına köfteyi yerleştirip, rulo şeklinde sarın.

4. Köfteli patlıcan ve kabak rulolarını fırın kabına yerleştirin ve aralarına domates dilimleri koyun. Ben bir patlıcanlı rulo, bir kabaklı rulo ardından bir dilim domates yerleştirdim.

Daha hafif bir yemek olmasını dilerseniz, patlıcan ve kabak dilimlerine fırça ile sıvı yağ sürüp 200 derece alt üst fırında veya tost makinasında kızartabilirsiniz.

Köfteli patlıcan ve kabak sarması

5 Sosu için küçük bir tencerede tereyağını ve salçaları ekleyip kavurun. Üzerine su ve baharatları ekleyip karıştırın.

6 Ocaktan alın ve yemeğin üzerine gezdirin. Önceden ısıtılmış 190 derece alt üst ayar fırında yaklaşık 30–35 dakika üzeri kızarana kadar pişirin.

Kıymalı Ali Nazik üzerinde çıtır patates

Evde kebap yapmayı sevenlerdenseniz bu tarifi mutlaka denemelisiniz. Hem lezzetiyle, hem de görüntüsüyle sofranızı renklendirecek şahane bir ana yemek.

2–3 kişilik  40 dakika  220 °C | 15 dakika

Malzemeler

Patlıcanlı yoğurt

2–3 adet patlıcan
6 yemek kaşığı süzme yoğurt
1 diş sarımsak
Bir tutam tuz

Kıymalı sos

250 gr dana kıyma
2 yemek kaşığı sıvı yağ
Yarım yemek kaşığı tereyağı
1 adet soğan
1 diş sarımsak
2 adet orta boy domates
1–2 yeşil sivri biber
Yarım kırmızı kapya biber
1 tatlı kaşığı domates salçası
1 tatlı kaşığı biber salçası
120 ml sıcak su (1 çay bardağı)
1 silme tatlı kaşığı tuz
Bir tutam karabiber
Yarım tatlı kaşığı kırmızı toz biber
3–4 yemek kaşığı ince kıyılmış maydanoz
İsteğe bağlı yarım tatlı kaşığı pulbiber

Çıtır patates

2 adet orta boy patates
Kızartmak için sıvı yağ

Hazırlanışı

1 Patlıcanlara çatal ile iki üç kez batırın ve mangalda veya önceden ısıtılmış 220 derece alt üst ayar fırında yumuşayana kadar közleyin.

2 Bir kasede süzme yoğurt, tuz ve ezilmiş sarımsağı karıştırın. Patlıcanları soyun ve ince kıyıp biraz ılımasını bekleyin. Sonra yoğurda ekleyip karıştırın.

Kıymalı sos için

1 Kıymalı sos için tavaya kıymayı alıp kavurun. Ardından sıvıyağ, tereyağını, ince kıyılmış soğan ve ezilmiş sarımsağı ekleyip kavurmaya devam edin. İnce doğranmış biberleri ekleyip soteleyin. Salçayı, kabuğu soyulmuş ve doğranmış domatesleri ve baharatları ekleyip karıştırın.

2 Üzerine su ekleyin. Kaynamaya başlayınca kapağını kapatıp kısık ateşte yarım saat pişirin. Son olarak ince kıyılmış maydanoz serpip ocaktan alın .

Kıymalı Ali Nazik üzerinde çıtır patates

1 Çıtır patates için patatesleri yıkayıp kurulayın. Kabuğu ile birlikte çok ince olmayan bir rende ile rendeleyin veya bıçak ile olabildiğince ince çubuklar halinde doğrayın.

3 Ardından bir kağıt havlunun üzerine alın.

2 Patatesleri kızgın yağda kızartın. Patatesler çok ince olduğu için hepsini birden yağa atmayın. Küçük porsiyonlar halinde kızartmaya özen gösterin.

4 Servis tabağına ilk olarak yoğurtlu patlıcanı yayın. Daha sonra üzerine kıymalı harcı dağıtın. Son olarak üzerine çıtır patatesleri yerleştirip servis edin.

dana eti

Bu tür yemekleri birçoğu evde kendileri hazırlamak yerine restoranda sipariş etmeyi tercih ediyor. Cesur olun, çünkü bu zor değil. Genel olarak, yemeğiniz için doğru eti seçerseniz, herhangi bir sorun yaşamazsınız.

2–3 kişilik  

Malzemeler

500 gr dana antrikot
2 yemek kaşığı zeytinyağı
50 ml soya sosu (yarım çay bardağı)
Bir tutam karabiber

Sosu için

1 adet soğan
1 diş sarımsak
1 tatlı kaşığı domates salçası
1 tatlı kaşığı hardal
400 ml et suyu veya sebze suyu
100 ml su (1,5 yemek kaşığı nişasta ile karıştırılmış)
Yarım tatlı kaşığı kekik
Yarım tatlı kaşığı kırmızı toz biber
1 yemek kaşığı dolusu tereyağı
1 adet acı biber (isteğe bağlı)

Kremalı spätzle için

500 gr spätzle
200 ml krema
100 gr rendelenmis mozarella peyniri
Bir tutam tuz
Bir tutam karabiber

Hazırlanışı

1 Etleri ince dilimler halinde kesin. Zeytinyağı, soya sosu ve karabiber ile marine edip en az yarım saat buzdolabında dinlendirin. Daha uzun da dinlendirebilirsiniz, fakat bir geceyi geçmesin.

2 Tencereyı kızdırın. İçerisine 2 yemek kaşığı sıvı yağ ekleyip etleri arkalı önlü kızartın. Tencereden alıp bir tabakta bekletin.

3 Aynı tencerenin içerisine 1 yemek kaşığı sıvı yağ, ince kıyılmış soğan, ezilmiş sarımsağı ve isteğe bağlı minik doğranmış acı biberi ekleyip kavurun. Kavururken tencerenin dibini sıyırmaya özen gösterin. Asıl lezzet burada.

4 Salça ve hardalı ekleyip kısaca kavurun. Sonra üzerine et suyunu ilave edin. Etleri marine ettiğiniz tabakta kalan soya soslu karışımı da tencereye ekleyebilirsiniz.

5 Baharatları ve nişastalı su karışımını da ilave edip koyu kıvama gelene kadar pişirin. Son olarak tereyağını ekleyip karıştırın. Sonradan eklediğiniz tereyağı sosa parlaklık verecektir.

6 Etleri sosun içerisine yerleştirin, kapağını kapatıp kısık ateşte 1–1,5 saat (etlerin büyüklüğüne ve kalınlığına göre) pişirin.

Soya soslu dana eti

Etin sosu sulu olursa biraz daha nişastalı su ekleyip kıvamını koyulaştırabilirsiniz. Ben yemeğe tuz eklemedim. Soya sosunun tuzu yeterli geldi. Siz damak zevkinize göre hareket edebilirsiniz.

Benim hazırladığım kremalı ve peynirli spätzlenin tarifi

7 500 gr spätzleleri paket üzerindeki bilgilere göre pişirin. Ardından bir tavaya alın. Üzerine 200 ml krema, 100 gr rendelenmis mozarella peyniri, bir tutam tuz ve bir tutam karabiber ekleyip peynirler eriyene kadar pişirin.

8 Soya soslu eti patates püresi, sade spätzle veya kremalı peynirli spätzle ile servis edebilirsiniz. Üzerine ince kıyılmış maydanoz serpin. Afiyet olsun!

Fırında krema soslu somon balığı

Fırında somon fileto ile hazırlanan hızlı ve lezzetli bir yemek. Sosun içerisinde piştiği için yumuşacık kalacaktır.

4 kişilik  15 dakika  190 °C | 20 dakika

Malzemeler

4 parça somon balığı / derisiz (500–600gr)
1 adet soğan
1 diş sarımsak
2 yemek kaşığı sıvı yağ
Yarım yemek kaşığı tereyağı
1 tatlı kaşığı domates salçası
400 ml krema
1 tatlı kaşığı sebze tozu
1 silme tatlı kaşığı tuz
Bir tutam karabiber
Yarım tatlı kaşığı kırmızı toz biber
1,5 tatlı kaşığı nişasta
30 ml su

Çok ince kıyılmış taze maydanoz, dereotu, frenk soğanı gibi otlar.

Hazırlanışı

1. Öncelikle somon filetolarını bir fırın kabına yan yana yerleştirin. Sosu için küçük bir tavada sıvı yağ ve tereyağını kızdırın. İnce kıyılmış soğan ve sarımsağı ekleyip kavurmaya başlayın. Salçayı da ekleyip bir süre daha kavurun. Üzerine kremayı ilave edip karıştırın.

2. Nişastayı su ile karıştırıp sosa ekleyin. Baharatları ve ince kıyılmış yeşillikleri de ilave ettikten sonra kıvam alana kadar pişirin.

3. Sosu somon filetoların üzerine gezdirin ve önceden ısıtılmış 190 derece alt üst ayar fırında yaklaşık 20 dakika pişirin.

4. Pişirme süresi balığın kalınlığına bağlı. Somon zaten oldukça çabuk pişen bir balık türü.

Önerim: Yanına şerit erişte pek yakışır.

Tarif videosu

Sebze yatağında kızarmış morina balığı

Sebze yatağında lezzetli kızarmış morina filetosu. Yapımı oldukça pratik bir ana yemek.

2 kişilik  40 dakika

Malzemeler

Tuzlu patates

6–8 küçük patates (400 gr)
0,5 yemek kaşığı tuz
1 yemek kaşığı tereyağı

Morina

2 porsiyon morina balığı
2 yemek kaşığı mısır unu
0,5 tatlı kaşığı kırmızı toz biber
bir tutam tuz ve karabiber
Yarım limonun suyu

Kızartmak için

2 yemek kaşığı sıvı yağ
0,5 yemek kaşığı tereyağı

Sebzeler

1 adet havuç
1 adet kabak
2 yemek kaşığı zeytinyağı
Bir tutam tuz ve karabiber

Limonlu dereotu sosu

2 yemek kaşığı tereyağı
1 yemek kaşığı un
150 ml süt
100 ml krema
0,5 tatlı kaşığı hardal
0,5 tatlı kaşığı sebze tozu
2 yemek kaşığı limon suyu
4–5 dal dereotu
Bir tutam tuz ve karabiber

Haşlanmış patates

1. Patatesleri soyun ve iyice yıkayın. Daha sonra büyüklüklerine göre dörde veya ikiye bölün.

2. Şimdi patates parçalarını bir tencereye koyun. Patatesler su ile kaplanana kadar soğuk su ile doldurun. Tuzu ekleyin, kaynatın, ardından ısıyı düşürün ve patatesleri yumuşayana kadar 15–20 dakika pişirin.

3. Süzün ve kısa bir süre bekletin. Patatesler henüz sıcakken üzerine 1 çorba kaşığı tereyağı ekleyin ve dikkatlice karıştırın.

Sebze yatağında kızarmış morina balığı

Sebzeler

1 Havuç ve kabağı ince şeritler halinde kesin ya da benim yaptığım gibi jülyen soyucu kullanın. Tavada biraz yağ ısıtın, ardından sebzeleri 3–4 dakika soteleyin, tuz ve karabiberle tatlandırın.

Sos için

1 Tereyağı ve unu küçük bir tencereye alın ve kavurun. Süt ve kremayı ekleyip karıştırarak kaynatın.

2 Hardal, limon suyu ve baharatları ekleyin ve orta ateşte 3–4 dakika pişirin. İnce kıyılmış dereotunu ilave edip sosu bir kenarda bekletin.

Morina balığı

1 Balığı tuz, karabiber ve biraz limon suyu ile baharatlayın. Mısır ununu ve kırmızı toz biberi bir tabakta karıştırın. Baharatlı morina filetolarını mısır ununa arkalı önlü kısaca bulayın ve fazla mısır ununu hafifçe vurarak silkeleyin.

2 Sıvı yağı ve tereyağını yapışmaz bir tavada orta ateşte ısıtın. Unlanmış morina filetolarını tavaya yerleştirin ve bir tarafını 3–4 dakika kızartın. Diğer tarafını da 2–3 dakika kadar kızartın. Ocağı kapatın ve morina filetolarını kalan sıcaklıkta 3–4 dakika daha pişirin.

3 Filetoları sebze yatağına yerleştirin. Haşlanmış patatesleri ve limonlu dereotu sosuyla birlikte ikram edin.

Not

Pişirme süresi balığın kalınlığına bağlıdır. Servis yapmadan önce filetoların iyice pişip pişmediğini kontrol edin.

Hamur işleri

Küçük pideler

Küçük pideler birçok yemek yanında mükemmel bir ikramdır. Fırından yeni çıkmış haliyle özellikle lezzetlidir!

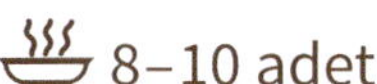

60–65 dakika

Malzemeler

330 ml ılık su (1,5 su bardağı)
110 ml ılık süt (yarım su bardağı)
20 gr yaş maya/ veya bir paket kuru maya
1 tatlı kaşığı kabartma tozu (uzun süre yumuşaklığını koruması için)
1 tatlı kaşığı şeker
1 tatlı kaşığı tuz
560–580 gr un (Yaklaşık 4,5–5 su bardağı)

Üzeri için

2 yemek kaşığı yoğurt
1 yumurta sarısı

Üzerine serpmek için

Susam ve çörek otu

Hazırlanışı

1 Hamur için gerekli olan tüm malzemelerle yumuşak, hafif ele yapışan bir hamur yoğurun. Üzerine 1 yemek kaşığı sıvı yağ gezdirip hamuru toparlayın. Üzeri kapalı 40–45 dakika mayalanmaya bırakın.

2 Hamuru unlanmış tezgaha alın, 6 adet bezeye ayırıp yuvarlayın.Fırın tepsisinin üzerine yağlı kağıt serin ve üzerine varsa biraz mısır unu veya normal un serpiştirin.

3 Bezeleri aralıklı yerleştirin. Bir tepsiye üç beze sığdırabilirsiniz. Üzeri kapalı yarım saat dinlendirin (çok önemli).

Küçük pideler

Hamuru hazırladıktan sonra mayalanması için sıcak bir yerde bekletmeniz mayalanma sürecini hızlandıracaktır.

4 Bu sırada fırını 250 derece alt üst ayarda ısıtmaya başlatın. Yoğurdu yumurta sarısı ile karıştırıp bezelerin üzerine sürün

5 Bezeleri hafif bastırarak genişletin. Ardından parmak uçlarınızla kareli pide şekli verin.

6 İsteğe bağlı susam ve çörek otu serpip fırına verin. Yaklaşık 10 dakika kızarana kadar pişirin.

Önerim
Sıcakken her iki tarafına tereyağı sürerseniz daha da yumuşak olurlar.

Bazlama

Kahvaltının veya yemeklerin yanına eşlik edecek sıcacık bazlamalar. Hamur ne kadar yumuşak olursa, bazlamalar da o kadar yumuşak olacaktır.

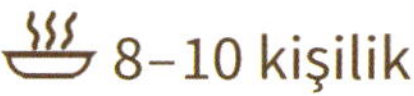 8–10 kişilik  30 dakika ⌛ 45–50 dakika  1–2 dakika

Malzemeler

200 ml ılık su (1 su bardağı)
200 ml ılık süt (1 su bardağı)
20 gr yaş maya
1 tatlı kaşığı tuz
1 tatlı kaşığı şeker
570 gr un (6 su bardağı gibi)

Hazırlanışı

1. Tüm malzemelerle, unu yavaşça ekleyerek, yumuşak bir hamur yoğurun. Hamur ele fazla yapışıyorsa, üzerine 1–2 yemek kaşığı kadar sıvı yağ gezdirip hamuru toparlayın. Üzerini 45–50 dakika örterek mayalanmaya bırakın.
2. Mayalanmış hamurdan 8–10 beze yuvarlayın. Her bezeyi çok ince olmayacak şekilde arada unlayarak merdane ile açın.
3. Açılmış parçaları mutfak bezi üzerine yerleştirin. Kurumalarını önlemek için üzerlerini bir bez ile örtün.
4. Tavanızı ısıtın (indüksiyon ocakta en yüksek ayar 9, ben 8'i kullandım)
5. Parçaları ilk açtığınız hamurdan başlayarak tavaya yerleştirin ve 8–10 saniye arayla çevirerek pişirin.
6. Pişen ekmekleri tavadan alıp, kurumamaları için temiz bir mutfak havlusunun arasında üst üste dizerek muhafaza edin.

Minik pizza ekmekleri– kurutulmuş domates ve zeytinli

Bu mini pizza ruloları mangal veya açık büfe için ideal. Ayrıca hazırlanışı da çok hızlı ve kolaydır.

 1 tepsi  30 dakika  60 dakika  250 °C | 17 dakika

Malzemeler

200 ml ılık su (1 su bardağı)
100 ml ılık süt (yarım su bardağı)
20 gr yaş maya
1 tatlı kaşığı şeker
1 tatlı kaşığı tuz
3 yemek kaşığı zeytin yağı
Yaklaşık 440 gr un (4 su bardağı)
50 gr çekirdeksiz zeytin
50 gr kurutulmuş domates (yağda satılan)

Hazırlanışı

1 Ilık su, süt, maya ve şekeri bir kabın içerisinde karıştırıp mayayı eritin. Zeytinyağını, tuz ve unu ekleyip yumuşacık bir hamur yoğurun.

2 Minik doğranmış zeytini ve kurutulmuş domatesi ekleyip tekrar kısaca yoğurun. Üzeri kapalı 45–50 dakika kadar mayalanmaya bırakın.

3 Bu sırada fırını fanlı ayar 250 derecede ısıtın ve fırının tabanına fırına dayanıklı su dolu bir kap yerleştirin (küçük bir güveç olabilir). Oluşan buhar sayesinde ekmekler hem parlak hem de çıtır çıtır oluyor.

4 Mayalanan hamuru dikkatli bir şekilde unlanmış tezgaha alın. Hamurun üzerine un serpip elinizle biraz genişletin.

5 Küçük parçalar kesip yağlı kağıt serili fırın tepsiye aralıklı dizin. Tepside üzeri kapalı bir 15 dakika daha dinlendirin. Ekmekleri fırına verin, ve 15–17 dakika kızarana kadar pişirin

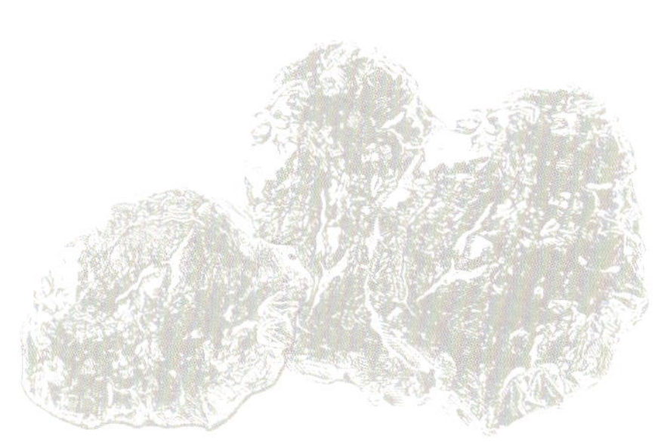

Çıtır simit

Kahvaltılarımızın vazgeçilmez lezzetlerinden biri gevrek simitler. Evde kolayca yapabileceğiniz dışı çıtır içi yumuşacık bir hamur işi tarifi.

8–10 adet  45 dakika 60–65 dakika 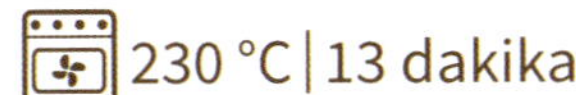 230 °C | 13 dakika

Malzemeler

200 ml ılık su (1 su bardağı)
200 ml ılık süt (1 su bardağı)
3 yemek kaşığı sıvı yağ
1 yemek kaşığı yumuşak tereyağı
20 gr yaş maya
3 tatlı kaşığı şeker
1 tatlı kaşığı tuz
Yaklaşık 600–650 gr un (5 su bardağı gibi)

Üzeri için

100 ml su (1 çay bardağı)
120 ml pekmez (1 çay bardağı)
Bolca kavrulmuş susam

Hazırlanışı

1. Hamur için gerekli olan malzemeleri yoğurma kabına alıp yumuşak bir hamur yoğurun. Hamur elinize hafif yapışırsa elinize biraz yağ döküp hamuru toparlayabilirsiniz. Üzeri kapalı 40–45 dakika mayalandırın.

2. Suyu pekmez ile karıştırın. Susamı ayrı bir tabağa alın. Daha sonra simitleri bulamak için gerekecek.

3. Hamuru 8–10 parçaya bölün. İlkinden başlayıp önce rulo şeklinde uzatın ardından daire şeklinde katlayın.

Tarif videosu ❤️

Çıtır simit

4 Şimdi uçları alın ve birini sağ tarafa, diğerini sol tarafa sarın (örgü biçiminde de sarabilirsiniz).

5 Simitleri önce pekmezli suya ardından susama batırdıktan sonra tepsiye dizin. Üstü kapalı 20 dakika dinlendirin.

6 Bu sırada fırını 230 derece fanlı ayarda ısıtın. Fırına su dolu bir kap (fırına dayanıklı) yerleştirin veya -varsa- fırında buhar verme özelliğini seçin.

7 Simitleri fırına vermeden önce eliniz ile ortasını genişletin. Ardından fırında yaklaşık 13 dakika kızarana kadar pişirin.

Önerim

Hazır çörek karışımı bulamazsanız 1 yemek kaşığı çörek otu, 1 yemek kaşığı susam, 1 tatlı kaşığı keten tohumu, 1 tatlı kaşığı mavi haşhaş karıştırın.

Dereotlu peynirli
çıtır börekler

Mayalanma süresi olmadan hazırlayabileceğiniz, sadece lezzetli görünümüyle bile iştah açan bir tarif.

20 adet | 30 dakika | 190 °C | 18 dakika

Malzemeler

Hamur

100 ml yoğurt (1 çay bardağı)
100 ml sıvı yağ (1 çay bardağı)
1 adet yumurta
10 gr kabartma tozu
1 tatlı kaşığı şeker
0,75 tatlı kaşığı tuz
100 gr mısır unu
Yaklaşık 250 gr un (yavaşça ekleyin)
Yarım demet ince kıyılmış dereotu

Dolgusu için

Beyaz peynir

Bulamak için

1 yumurta beyazı
2 yemek kaşığı çörek karışımı
Yarım tatlı kaşığı kırmızı toz biber

Hazırlanışı

1 Hamuru için dereotu haricinde tüm malzemeleri derin bir kaba alın ve yumuşak ele yapışmayan bir hamur yoğurun. Dereotunu ekleyip yoğurmaya devam edin.

2 Hamurdan cevizden biraz büyük parçalar koparın ve elinizle bastırın. Ortasına peynir koyup kapatın ve yuvarlayın.

3 Bulamak için çörekleri ve kırmızı toz biberi karıştırın. Poğaçaları önce yumurta beyazına ardından çöreklere bulayın ve yağlı kağıt serili fırın tepsisine aralıklı dizin. Önceden ısıtılmış 190 derece alt üst ayar fırında kızarana kadar yaklaşık 18 dakika pişirin.

Yoğurtlu patates keki

Börek tadında patatesli keki sadece çay saatlerinde değil, dilerseniz sabah kahvaltılarınızda da ikram edebilirsiniz.

9 adet

30 dakika

180 °C | 45 dakika

Malzemeler

3 adet orta boy patates (kabuksuz 350–400 g)
3 adet orta boy yumurta
200 gr yoğurt (1 su bardağı)
150 ml sıvı yağ (0,75 su bardağı)
200 gr un (tam dolu olmayan 2 su bardağı)
70 gr beyaz peynir (ufalanmış)
10 gr kabartma tozu
2 yeşil soğan
4–5 dal maydanoz
3–4 dal dereotu
Bir silme tatlı kaşığı tuz
Bir silme tatlı kaşığı pulbiber
Bir tutam karabiber

Hazırlanışı

1. İlk önce patatesleri soyup minik parçalar halinde doğrayın. Yeşil soğanları, dereotunu ve maydanozu da küçükçe kıyın.
2. Yoğurt, yumurta ve sıvı yağı 1 dakika çırpın. Baharatları unu ve kabartma tozunu ekleyip karıştırın.
3. Patatesleri, ufalanmış peyniri ve yeşillikleri ekleyip karıştırın. Hafif koyu kıvamda bir hamur elde edeceksiniz.
4. Yağlı kağıt serili borcama (28x28 cm) aktarın. Düzleştirin ve önceden ısıtılmış 180 derece alt üst ayar fırında kızarana kadar yaklaşık 45 dakika pişirin.
5. Fırından alıp 20 dakika dinlendirin ve isteğe bağlı yoğurt ile servis edin. Yoğurdun üzerine kırmızı biberli yağ gezdirebilirsiniz.
6. Kırmızı biberli tereyağı: 2 yemek kaşığı tereyağını küçük bir tencerede eritin ve 1 tatlı kaşığı kırmızı toz biber serpip karıştırın.

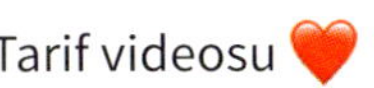
Tarif videosu

Zeytinli rulo poğaça

Kahvaltı sofraları veya çay saatleri için ideal bir tarif.

 20 kişilik  30 dakika  60 dakika  200 °C | 15 dakika

Malzemeler

300 ml ılık süt (1,5 su bardağı)
70 ml sıvı yağ (yarım çay bardağından bir parmak fazla)
21 gr yaş maya
1 adet yumurta beyazı (sarısı üzerine)
1 yemek kaşığı şeker
1 silme tatlı kaşığı tuz
1 yemek kaşığı yumuşak tereyağı
Yaklaşık 550–570 gr un (4,5 su bardağı gibi)

Üzeri için

2–3 yemek kaşığı eritilmiş tereyağı

Zeytin ezmesi

250–270 gr çekirdeksiz zeytin
2 yemek kaşığı zeytinyağı
Bir tutam tuz
Bir tutam kekik

Üzeri için

1 adet yumurta sarısı
1 tatlı kaşığı süt
Ayçekirdeği içi

Hazırlanışı

1 Hamur malzemelerini derin bir kaba alıp yumuşak bir hamur elde edene kadar yoğurun. Üzerini 40 dakika örterek mayalanmaya bırakın.

2 Bu ara iç harcı için çekirdeksiz zeytinleri, zeytinyağını, tuz ve kekik ile birlikte mikserden geçirin. Alternatif olarak hazır zeytin ezmesi de kullanılabilir.

Zeytinli rulo poğaça

3 Mayalanmış hamuru 4 eşit parçaya bölün. Her birini dörtgen şeklinde açıp üzerine 1–2 yemek kaşığı eritilmiş tereyağı sürün. Üzerine 2 yemek kaşığı kadar zeytin ezmesi sürdükten sonra rulo şeklinde sarın.

4 Ruloları 3 parmak genişliğinde kesip fırın kağıdı serili tepsiye dizin. Tepside 20 dakika üzeri kapalı şekilde dinlendirin.

5 Yumurta sarısına 1 tatlı kaşığı süt karıştırıp poğaçaların üzerine sürün ve isteğe bağlı ayçekirdeği içi serpin.

6 Önceden ısıtılmış 200 derece (fanlı) fırında kızarana kadar yaklaşık 15 dakika pişirin.

Peynirli şerit poğaça

Uzun süre tazeliğini koruyan bu yumuşacık ve pofuduk poğaçaları istediğiniz iç harcı ile hazırlayabilirsiniz.

 20 kişilik  75 dakika  45 dakika  200 °C | 17 dakika

Malzemeler

200 ml ılık süt (1 su bardağı)
200 ml sıvı yağ (1 su bardağı)
200 ml yoğurt (1 su bardağı)
42 gr yaş maya (1 adet)
16 gr kabartma tozu (1 paket)
2 yemek kaşığı şeker
1 tatlı kaşığı tuz
2 adet yumurta beyazı
700 gr un (yaklaşık 6 su bardağı)

İç harcı

250 gr beyaz peynir

Üzeri için

2 adet yumurta sarısı
1 tatlı kaşığı süt

Hazırlanışı

1 Hamur malzemelerini yoğurma kabına aktarın, yumuşak, hafif ele yapışan bir hamur yoğurun. Unu yavaş yavaş eklemeye özen gösterin.

2 Hamurun üzerine 1–2 yemek kaşığı sıvı yağ gezdirin, toparlayın. Bu şekilde hamur artık elinize yapışmayacaktır. Üzerini kapatın ve 45 dakika mayalanmaya bırakın.

3 Mayalama süresinden sonra yaklaşık 20 beze yuvarlayın. İlk bezeyle başlayın, elinizle yuvarlak şekilde biraz açın.Daha sonra pizza kesici ile üst yarısına birkaç kesik atın.

Tarif videosu  

Peynirli şerit poğaça

4 Kesilmemiş kısmın üzerine yaklaşık bir çay kaşığı iç harcı koyun.

5 Yarım ay şeklinde yuvarlayın. Diğer bezeleri aynı şekilde tamamlayın.

6 Poğaçaları aralıklı fırın tepsisine yerleştirin, üzeri örtülmüş şekilde 30 dakika dinlendirin.

Poğaçaları fırından çıkardıktan sonra yumuşamaları için bir bez ile beş dakikalığına örtün.

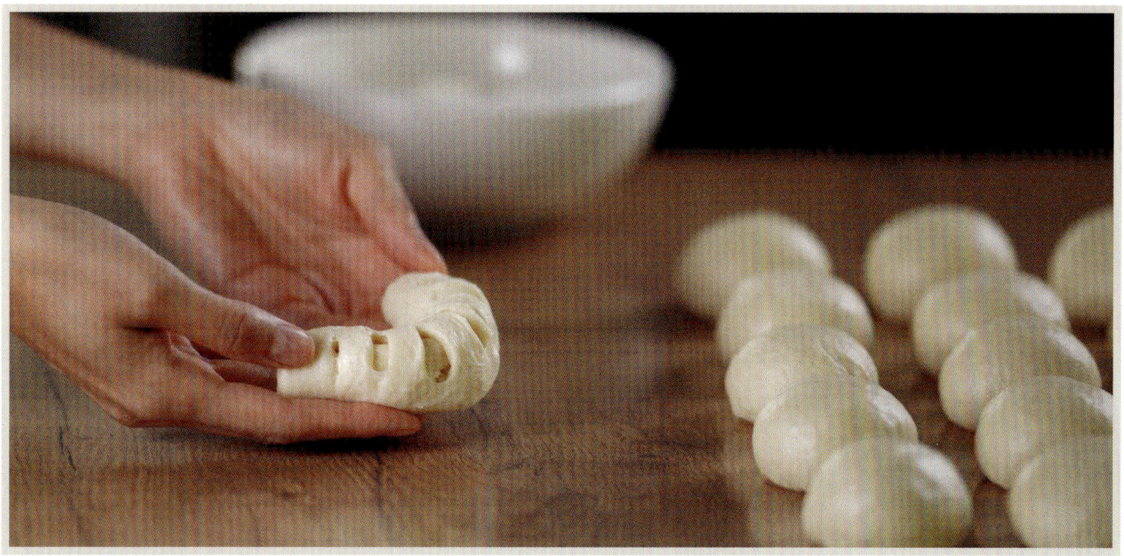

7 Son olarak yumurta sarısını bir tatlı kaşığı süt ile karıştırın, poğaçaların üzerine sürün. İsteğe bağlı çörek otu ve susam serpiştirebilirsiniz.

8 Poğaçaları önceden ısıtılmış 200°C fanlı fırında kızarana kadar yaklaşık 15–17 dakika pişirin.

Mantarlı muffin poğaça

Bu poğaça lezzeti, narinliği ve zarafetiyle sofralarınızı zenginleştirecek.
Sadece görünümü mantara benzemiyor, dolgusu da mantarlı 🥰.

 13–15 adet 40 dakika 45–50|30–40 dakika 

Malzemeler

250 ml ılık süt (1,25 su bardağı)
80 gr yoğurt (3 yemek kaşığı)
100 ml sıvı yağ (1 çay bardağı)
30 gr yumuşak tereyağı
20 gr yaş maya
1 yumurta beyazı
Yarım yemek kaşığı şeker
1 tatlı kaşığı tuz
480-500 gr un

İç harcı

2 yemek kaşığı sıvı yağ
150 gr mantar
1 soğan
Yarım kırmızı biber
4–5 dal maydanoz
Bir tutam tuz ve karabiber
1 tatlı kaşığı kırmızı toz biber

Üzeri için

1 yumurta sarısı
1 tatlı kaşığı süt
İsteğe bağlı haşhaş

Hazırlanışı

1 Öncelikle hamur için gerekli olan malzemeleri derin bir kaba alın ve yumuşak, ele yapışmayan bir hamur yoğurun. Üzeri kapalı 45-50 dakika mayalanmaya bırakın.

2 Bu sırada iç harcını hazırlayın. Mantarları, biberi ve soğanı küçük küçük doğrayın. Maydanozu kıyın.

3 Tavada sıvı yağı kızdırın ve önce soğanları pembeleşinceye kadar kavurun. Mantarları, biberi ve baharatları ekleyip yüksek ateşte kavurmaya devam edin. Mantarlar diriliğini kaybedince ocağın altını kapatın ve ince kıyılmış maydanozu ekleyin. Ardından iç harcını soğumaya bırakın.

Mantarlı muffin poğaça

1 Muffin kalıbını tereyağı ile yağlayın. Muffin kağıtlarını tercih etmeyin. Poğaçalar yağlanmış muffin kalıbından çok daha rahat çıkıyor.

2 Mayalanmış hamurdan 13–15 beze yapın. Her birini eliniz ile hafif genişletip ortasına mantarlı iç harcından yerleştirin ve kapatıp yuvarlayın. Kapattığınız bölüm alta gelecek şekilde muffin kalıplarına yerleştirin.

3 Üzeri kapalı 30–40 dakika tekrar mayalanmaya bırakın. Ardından yumurta sarısını süt ile karıştırın ve poğaçaların üzerine sürün. İsteğe bağlı haşhaş serpin ve önceden ısıtılmış 190 derece fanlı fırında kızarana kadar yaklaşık 17 dakika pişirin.

Muffin tepsiniz yoksa yuvarlak poğaçalar halinde de pişirebilirsiniz.

Pastalar ve Tatlılar

Brownie-Cheesecake

İki ayrı lezzet bir arada–Brownie ve Cheesecake'in muhteşem uyumu. 

12 adet | 25 dakika | 

180 °C | 30 dakika

Malzemeler

Brownie için

125 gr bitter çikolata
150 gr tereyağı
2 adet yumurta (orta boy)
120 gr şeker (1 küçük çay bardağı)
2 yemek kaşığı kakao
120 gr un (1 su bardağı)

Cheesecake için

175 gr tam yağlı sürme taze peynir (Almanyada: Doppelrahm Frischkäse)
250 gr Quark/labne (yağsız veya %20 yağ oranı)
50 gr şeker (yarım küçük çay bardağı)
1 adet yumurta
1 yemek kaşığı nişasta
1 paket vanilya şekeri veya 1 tatlı kaşığı vanilya özü

Hazırlanışı

1 Yuvarlak, kelepçeli, 26 cm`lik kek kalıbına yağlı kağıt serip kenarlarını yağlayın. Fırını 180 derece alt üst ayarda ısıtmaya başlayın.

2 Brownie için tereyağını ocakta ısıtın. Küçük doğranmış bitter çikolatayı ekleyip ocaktan alın. Çikolata eriyene kadar karıştırın. Ardından ılımaya bırakın.

3 Yumurta ve şekeri krema haline gelene kadar yüksek ayarda çırpın. Üzerine tereyağı çikolata karışımını ekleyip karıştırın.

4 Kakao ve unu eleyerek karışıma ilave edin, karıştırın. Kek karışımından 2 yemek kaşığı kadar ayırın, kalan malzemeyi kek kalıbına aktarıp düzleştirin. Hamur kıvamının biraz koyu olması normal.

5 Cheesecake için gerekli olan tüm malzemeleri bir mikser ile pürüzsüz kıvam alana kadar karıştırın. Kek karışımının üzerine aktarıp düzleştirin.

6 Önceden ayırdığınız kek karışımına biraz süt ekleyerek hafif sıvılaştırın. Cheesecake`in üzerine birer tatlı kaşığı dağıtın ve ardından bir çubuk ile desen verin.

7 Keki fırına verin, 27–30 dakikaya yakın pişirin. Ilık veya soğuk servis edebilirsiniz.

Tarif videosu

Tarif videosu

Frambuaz ve çilek soslu Cheesecake

Bisküvi tabanlı, meyveli New York usulü Cheesecake için kolay bir tarif. Favori tariflerimden biri.

 12 adet 45 dakika 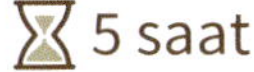 5 saat  170 °C | 60 dakika

Malzemeler

Tabanı için

150 gr tam tahıllı bisküvi
75 gr tereyağı

Kreması için

500 gr Magerquark/Labne
250 gr Quark/Labne (20 % yağ oranı)
175 gr tam yağlı sürme taze peynir
2 orta boy yumurta
180 gr şeker
100 ml krema
37 gr vanilyalı puding tozu (1 paket)
80 ml sıvı yağ
250 ml süt

Üzeri için

200 gr buzluktan frambuaz
100 gr buzluktan çilek
80 ml su
25 gr mısır nişastası
4 yemek kaşığı şeker

Hazırlanışı

1. Tam tahıllı bisküvi bir rondoya alıp un gibi olana kadar parçalayın. Üzerine eritilmiş tereyağını ekleyip karıştırın. 26–28 cm'lik kelepçeli kalıp içerisine yağlı kağıt serin ve karışımı aktarın. Üzerine su bardağın alt kısmı ile bastırarak, tabanı hazırlayın. Buzlukta yaklaşık yarım saat soğutmaya bırakın.

2. Kreması için gerekli olan tüm malzemeleri pürüzsüz bir kıvam alana kadar çırpıcı ile karıştırın. Burada mikser kullanmanızı tavsiye etmem. Kremanın hava alıp pişerken kabarmasına ve sonradan Cheesecake'in çökmesine neden olur.

3. Bu arada fırını 170 derece alt üst ayarda ısıtın. Fırının tabanına Cheesecake'in çatlamasını önlemek için su dolu bir kap yerleştirin. Alt tabanın üzerine hazırladığınız kremayı aktarın. Kelepçeli kalıbın etrafını folyo ile sarın, böylece pişerken kenarların kızarmasını önlersiniz. Cheesecake'i fırına verin ve yaklaşık 50–60 dakika pişirin.

4. Piştikten sonra fırını kapatın. Pastayı fırın kapağı hafif aralıklı olarak 20–30 dakika ılımaya bırakın. Ardından fırından alıp tamamen soğumasını sağlayın.

5. Üzeri için küçük bir tencerede meyvelerin üzerine 4 yemek kaşığı şeker ekleyip blenderden geçirin. Nişastayı da su ile karıştırıp meyvelere ekleyin.

6. Ocakta sürekli karıştırarak kıvam alana kadar pişirin. Beklemeden, sıcak halde pastanın üzerine dökün ve dikkatlice yayın.

7. Pastayı 4–5 saat soğuttuktan sonra istediğiniz gibi taze meyvelerle süsleyebilirsiniz.

Haşhaşlı revani

Yapımı çok kolay olan leziz haşhaşlı revani tatlısını misafirlerinize gönül rahatlığıyla sunabilirsiniz. Şerbetli tatlı olmasına rağmen üstündeki kreması ile çok hafif bir tatlı.

12 adet

45 dakika

3–4 saat

175 °C | 28 dakika

Malzemeler

Şerbeti için

270 gr şeker (1,5 su bardağı)
500 ml su (2,5 su bardağı)
3 – 4 damla limon suyu

Kek için

3 adet orta boy yumurta
180 gr şeker (1 su bardağı)
100 ml süt (yarım su bardağı)
175 ml sıvı yağ (1 su bardağından biraz az)
150 gr irmik (1 su bardağı)
150 gr un (1 + 0,25 Su bardağı un)
100 gr haşhaş (1 su bardağı)
1 paket vanilya şekeri
16 gr kabartma tozu

Üzeri için

400 ml soğuk krema
250 gr Magerquark/labne
4 yemek kaşığı pudra şekeri
1 paket vanilya şekeri

Hazırlanışı

Şerbet

1 Önce tatlının şerbetini hazırlayın. Su ve şekeri orta boy bir tencereye alıp karıştırın.

2 Ocağın altını açın. Kaynamaya başladıktan sonra, orta ateşte 10 dakika kaynatın.

3 Sürenin dolmasına iki dakika kala limon suyunu ekleyin. Şerbeti ocaktan alın ve soğumaya bırakın.

Haşhaşlı revani

Kek

1 Yumurtaları, şekeri ve vanilya şekerini yüksek devirde krema kıvamına gelene kadar yaklaşık 10 dakika çırpın. Sıvı yağ, süt, irmik ve haşhaşı ekleyerek düşük ayarda karıştırmaya devam edin. Unu ve kabartma tozunu eleyerek karışıma verin. Yağlanmış 36x24 cm`lik kek kalıbına aktarın.

2 Önceden ısıtılmış 175 derece alt üst ayar fırında yaklaşık 25–28 dakika pişirin. Üzeri kızarınca bir çubuk ile pişme durumunu kontrol ettikten sonra fırından alın.

3 Kekin ilk sıcaklığı çıktıktan sonra soğumuş olan şerbeti kekin üzerine yavaş yavaş gezdirin.

Üst Kreması

1 Soğuk kremayı yüksek ayarda katılaşana kadar çırpın. Ayrı bir kasede labne, pudra şekeri ve vanilya şekerini karıştırın. Karışıma kremayı da ekleyip bir spatula ile yedirin.

2 Ardından soğumuş tatlının üzerine dikkatlice sürün ve 3–4 saat buzdolabında soğumaya bırakın.

Muhallebili havuçlu kek

En pratik tatlı ve kek tarifleri arasına girecek olan muhallebili havuçlu kek tarifimi çok seveceksiniz. Özellikle misafirleriniz için geceden hazırlayabileceğiniz bir tarif.

12 adet

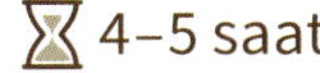

Malzemeler

3 adet orta boy yumurta
200 gr şeker (1 su bardağı)
180 gr sıvı yağ (1 su bardağı)
3 yemek kaşığı yoğurt
120 gr rendelenmiş havuç (2 su bardağı)
70 gr orta boy dövülmüş ceviz (1 su bardağı)
180 gr un (1,5 su bardağı)
16 gr kabartma tozu (1 paket)
1 vanilya şekeri
Yarım çay kaşığı tarçın

Muhallebi için

600 ml süt (3 su bardağı)
400 ml krema (2 paket)
150 gr şeker (0,75 su bardağı)
1 paket vanilya şekeri
35 gr un (2 tepeleme yemek kaşığı)
35 gr nişasta (2 tepeleme yemek kaşığı)

Üzeri için

Hindistan cevizi

Hazırlanışı

1. Öncelikle 36 x 24 cm'lik kek kalıbının tabanını ve kenarlarını yağlayın. Fırını alt üst ayar 170 derecede ısıtın.
2. Yumurta, şeker ve vanilya şekerini krema kıvamına gelene kadar çırpın. Üzerine sıvı yağ ve yoğurt ekleyip kısaca karıştırın.
3. Havuç rendesi, ceviz, tarçın, kabartma tozu ve un ekleyip dikkatli bir şekilde tekrar karıştırın.
4. Kalıba dökün, düzleştirin ve ısıtılmış fırında yaklaşık yarım saat pişirin. Fırından çıkarmadan önce kürdan testini yapmayı unutmayın. Ardından keki ılımaya bırakın.
5. Muhallebi için gerekli olan malzemeleri vanilya şekeri hariç derin bir tencereye alın, iyice karıştırın. Ocakta koyu bir kıvam alana kadar sürekli karıştırarak pişirin. Ardından pişen muhallebinin içine 1 paket vanilya ekleyip karıştırın.
6. Muhallebiyi kekin üzerine gezdirin. Henüz sıcakken üzerine bolca hindistan cevizi serpiştirin.
7. Tatlı oda ısısına geldikten sonra en az 4–5 saat buzdolabında soğumaya bırakın. Ardından dilimleyerek servis edebilirsiniz. Afiyet olsun!

Elmalı ve Cevizli Kek

Elmalı yumuşacık bir kek. Hem kolaylığı hem de lezzeti ile favoriniz olacak

 12 adet 40 dakika  175 °C | 40 dakika

Malzemeler

Keki için

3 adet orta boy yumurta
200 gr şeker (1 su bardağı)
1 paket vanilya şekeri
200 gr yoğurt (1 su bardağı)
120 ml sıvı yağ (yarım su bardağı)
10 gr kabartma tozu
250 gr un (2,5 su bardağından bir parmak az)

Üzeri için

3 adet orta boy elma
2 yemek kaşığı limon suyu
1 tatlı kaşığı tarçın
40 gr iri kıyılmış ceviz (1 çay bardağı)
2 yemek kaşığı kuş üzümü

Sosu:

4,5 yemek kaşığı pudra sekeri
1,5 yemek kaşığı süt

Hazırlanışı

1 Elmaları soyup küçük küpler halinde doğrayın. Kararmalarını önlemek için limon suyu ekleyip karıştırın. Ardından üzerine tarçın ilave edip harmanlayın.

2 Kuş üzümlerinin üzerini geçecek kadar kaynar su ekleyip 10 dakika bekletin, ardından süzün.

3 Keki için yumurtaları, şekeri ve vanilya şekerini derin bir kaba alın ve en yüksek ayarda 8–10 dakika krema haline gelene kadar çırpın.

4 Yoğurdu ve sıvı yağı ekleyip kısaca karıştırın. Unu ve kabartma tozunu eleyerek karışıma ilave edin ve spatula ile tekrar karıştırın.

Elmalı ve Cevizli Kek

5 Dikdörtgen bir fırın kalıbını (36 x 24 cm) pişirme kağıdı ile kaplayın ve kenarlarını yağlayın. Kek karışımını kalıba aktarıp düzleştirin

6 Elmaları, iri kıyılmış cevizleri ve kuş üzümlerini hamurun üzerine serpin. Keki önceden ısıtılmış 175 derece alt üst ayar fırına verin. Yaklaşık 40 dakika kızarana kadar pişirin.

7 Sosu için pudra şekerini ve sütü karıştırın. Keki fırından çıkartıp 10-15 dakika beklettikten sonra sosu üzerine gezdirin. Ben tek kullanımlık sıkma torbasına doldurup ucunu minicik kesip pastanın üzerine sıktım.

Limonlu-Haşhaşlı Kek

Limonlu haşhaşlı nemli kek inanılmaz lezzetli! Haşhaş tohumu da limon aromasına pek yakışıyor.

10–12 adet  20 dakika  10 dakika  175 °C | 45 dakika

Malzemeler

3 orta boy yumurta
170 gr şeker (1 su bardağından bir parmak az)
150 gr yoğurt (1,5 çay bardağı)
150 ml sıvı yağ (1,5 çay bardağı)
1 organik limonun suyu ve kabuğunun rendesi
260 gr un (2,25 su bardağı)
1 paket vanilya şekeri
1 paket kabartma tozu (16 gr)
2 yemek kaşığı haşhaş

Üzerindeki sos için

100 gr pudra şekeri
Yaklaşık 2–3 yemek kaşığı limon suyu

Hazırlanışı

1. Yumurta, şeker ve vanilya şekerini derin bir kaba alıp bir mikser ile en yüksek ayarda 8-10 dakika krema kıvamına gelene kadar çırpın.
2. Limonu rendeleyin ve suyunu sıkın. Sos için 2 - 3 yemek kaşığı limon suyunu bir kenara ayırın.
3. Yoğurdu ve sıvı yağı ekleyip karıştırın. Unu ve kabartma tozunu eleyerek karışıma ilave edin ve bir spatula ile dikkatlice karıştırın. Son olarak haşhaşı ekleyin, tekrar spatula ile karıştırın.
4. Karışımı yağlanmış ve unlanmış bir kek kalıbına aktarın ve önceden ısıtılmış 175 derece alt üst ayar fırında yaklaşık 45 dakika pişirin. Kürdan testini yapmayı unutmayın.
5. Fırından çıkarıp 10 dakika kalıpta soğumaya bırakın, ardından ters çevirin.
6. Sosu için pudra şekeri ve limonu koyu kıvama gelene kadar karıştırın. Ilık kekin üzerine gezdirin. Pastayı servis etmeden önce sosun katılaşmasını bekleyin.

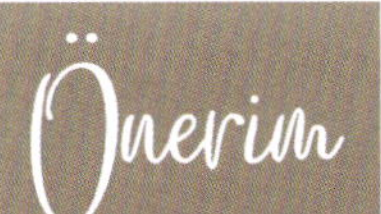

Mutlaka organik limon alın. Böylece kabuğunu gönül rahatlığıyla kullanabilirsiniz.

Krem çikolatalı çörekler

Bu tarif ile lezzetli ve yumuşacık çikolatalı çörekler hazırlayabilirsiniz. Özellikle çocukların çok seveceği bir tarif.

12 adet  20 dakika | 2 x 40 dakika  180 °C | 25 dakika

Malzemeler

250 ml süt (1,25 su bardağı)
20 gr yaş maya
1 tatlı kaşığı kabartma tozu (yumuşaklığını korumasını sağlıyor)
65 gr tereyağı (oda sıcaklığında)
50 gr şeker (3,5 yemek kaşığı)
1 vanilya şekeri
1 adet yumurta
470–480 gr un
(yaklaşık 4 su bardağı)

Dolgusu

Krem çikolata (Nutella)

Üzeri için

Pudra şekeri

Hazırlanışı

1 Dikdörtgen kalıbı (36 x 24 cm) veya borcamı yağlı kağıt ile kaplayın, kenarlarını yağlayın. Hamur için gerekli olan malzemeleri derin bir kaba alıp yumuşak, pürüzsüz bir hamur elde edene kadar yoğurun.Üzeri kapalı 40 dakika mayalanmaya bırakın.

2 Nutella'yı su banyosunda biraz bekletin–bu daha sürülebilir olmasını sağlar. Hamuru hafifçe unlanmış tezgaha alın ve dikdörtgen şeklinde açın.

3 Krem çikolatayı hamurun üzerine ince tabaka olarak sürün, rulo şeklinde sarın.

Krem çikolatalı çörekler

4 Hamuru yaklaşık 2–2,5 parmak kalınlığında dilimleyin. Keserken daha düzgün olması için bıçak yerine diş ipi veya ince bir ip kullanabilirsiniz.

5 Ruloları hafif aralıklı kalıba yerleştirin. Üzerleri kapalı 40 dakika tekrar mayalandırın. Bu adım içinin pişmesi açısından çok önemli.

6 Önceden ısıtılmış 180 derece alt üst ayar fırında ruloların boyutuna göre yaklaşık 25 dakika üzeri kızarana kadar pişirin.

7 Ruloları fırından çıkardıktan sonra hafif soğuyana kadar bekleyin. Üzerlerine pudra şekeri eleyip servis edebilirsiniz.

Yaban mersinli crumble muffin

Tatlı atıştırmalık arayanlar için enfes bir lezzet. Çıtır kırıntılar içeren yaban mersinli muffinler

6 adet  15 dakika  180 °C | 30 dakika

Malzemeler
6 Muffin için

2 orta boy yumurta
100 gr şeker (1 çay bardağı)
1 paket vanilya şekeri
100 ml sıvı yağ (1 çay bardağından bir parmak az)
100 ml yoğurt (1 çay bardağı)
1 yemek kaşığı limon suyu
150 gr un (3 çay bardağı)
8 gr kabartma tozu
140 gr yaban mersini + 1 yemek kaşığı un

Crumble için

60 gr un (1 tepeli çay bardağı)
35 gr şeker (2 tepeli yemek kaşığı)
40 gr tereyağı

Hazırlanışı

1 Önce crumble'ı hazırlayın. Tüm malzemeleri parmaklarınızla ufalanmış bir karışım haline getirin. Kullanıma hazır olana kadar buzdolabında bekletin.

2 Fırını 180 °C alt üst ayarda ısıtın. Bir muffin kalıbına 6 muffin kabı yerleştirin.

3 Yumurta, şeker ve vanilya şekerini krema kıvamına gelene kadar en yüksek ayarda yaklaşık 8 dakika çırpın. Sıvı yağı, yoğurdu ve limon suyunu ekleyip kısaca karıştırın. Un ve kabartma tozunu eleyerek karışıma ilave edin ve dikkatli bir şekilde spatula ile karıştırın.

Yaban Mersinli Crumble Muffin

4 Yaban mersinlerinin üzerine bir çorba kaşığı un serpiştirin ve harmanlayın. Un meyvelerin batmasını önlüyor bu arada. Sonra hamurun içine ekleyip yine dikkatli bir şekilde spatula ile karıştırın.

5 Şimdi karışımı muffin kaplarına eşit olarak paylaştırın. Kırıntıları buzdolabından çıkarın ve hamurun üzerine serpin. Fırında yaklaşık 25-30 dakika pişirin. Kürdan testi yapmayı unutmayın.

Çatlak kurabiye

Çay saatlerinize pek uygun dışı kıtır içi yumuşacık bir kurabiye tarifi.

18–20 adet | 30 dakika | 180 °C | 10 dakika

Malzemeler

2 orta boy yumurta (tekinin kabuklu ağırlığı 60–61 gr)
60 gr tereyağı
120 gr şeker (1 çay bardağı)
50 gr kakao (4 yemek kaşığı dolusu)
1 paket vanilya şekeri
130 gr un (1 büyük su bardağı)
1 tatlı kaşığı kabartma tozu

Bulamak için

Şeker
Pudra şekeri

Hazırlanışı

1 Tereyağını eritip bir kaseye alın. Ardından şekeri ve vanilyayı ilave edip karıştırın. Yumurtaları ekleyip karıştırmaya devam edin.

2 Kakaoyu, kabartma tozunu ve unu da ekleyip bir spatula ile malzemeler birleşinceye kadar karıştırın. Hamurun kıvamı kurabiye hamurlarına göre daha sıvı.

3 Üzerini streç film ile kapatıp en az 2 saat buzdolabına dinlenmeye bırakın.

Çatlak kurabiye

4 Hamurdan ceviz büyüklüğünde parçalar koparıp yuvarlayın. Yuvarlamakta zorlanırsanız elinize biraz sıvı yağ damlatabilirsiniz.

5 Yuvarladığınız hamurları önce şekere ardından pudra şekerine bulayıp yağlı kağıt serili bir fırın tepsisine aralıklı dizin.

6 Önceden ısıtılmış 180 derece alt üst ayar fırında 9–10 dakika kadar pişirin. Soğuduktan sonra servis edebilirsiniz.

Önerim

Kurabiyeler soğuduktan sonra, mikrodalga veya fırında kısaca ısıtıp afiyetle sıcak tüketebilirsiniz.

Çikolatalı kurabiye

Kenarları hafif çıtır, ortası biraz yumuşak olan bu kurabiyelerin yapımı çok çabuk ve kolay. Tadı sıcak haliyle de harika!

16–18 adet

15 dakika

15 dakika

175 °C | 18 dakika

Malzemeler

120 gr yumuşak tereyağı
120 gr esmer şeker
1 adet yumurta (orta boy)
15 gr nişasta (1 yemek kaşığı)
5 gr kabartma tozu (1 tatlı kaşığı dolusu)
170 gr un (1,5 su bardağı)
50 gr iri doğranmış bitter cikolata
50 gr damla çikolata
50 gr iri doğranmış fındık veya ceviz

Üstü için

100 gr beyaz çikolata

Hazırlanışı

1 Tereyağını ve şekeri 1 dakika boyunca mikser ile çırpın. Yumurtayı ekleyip bir dakika daha çırpın. Nişastayı, kabartma tozunu ve unu ilave edip yoğurun. Yumuşak, hafif ele yapışan bir hamur elde edeceksiniz.

2 Son olarak doğranmış cevizi, doğranmış çikolatayı ve damla çikolatayı ekleyip tekrar yoğurun. Yoğururken parmak uçlarınızla yoğurmaya çalışın. Aksi takdirde çikolatalar eriyip hamurun rengini değiştirebilir.

3 Bir dondurma kaşığı ile hamurdan parçalar alıp yağlı kağıt serili fırın tepsisine aralıklı dizin. 16–18 adet kurabiye elde edebilirsiniz.

4 Dondurma kaşığınız yoksa hamurun üzerini streç ile örtün ve yarım saat buzdolabında bekletin. Hamur sertleştikten sonra parçalar koparıp eliniz ile yuvarlayın, üzerini hafifçe bastırın.

5 İsteğe bağlı topların üzerine birkaç adet damla çikolata ekleyebilirsiniz. Bu daha güzel bir görünüm kazandırır.

6 Kurabiyeleri önceden ısıtılmış 175 derece alt üst ayar fırında yaklaşık 15 dakika pişirin. Fırından çıkınca henüz yumuşak oluyorlar, soğudukça sertleşiyorlar. Fırından alın ve daha sıcakken isteğe bağlı bir bardak ile üzerine bastırıp düzleştirin. Tepside 15 dakika bekletip servis edebilirsiniz.

Beyaz çikolatalı limon kurabiyesi

Çay veya kahvenin yanına taze fırından çıkmış kurabiyeler hazırlamak ister misiniz? Limon aromalı, ağızda dağılan, dışı kıtır içi yumuşacık bir tarif veriyorum size.

16 adet  30 dakika 1–2 saat  175 °C | 11 dakika

Malzemeler

100 gr yumuşak tereyağı
100 gr şeker (1 çay bardağı)
2–3 yemek kaşığı limon suyu
Yarım limon kabuğu rendesi
20 gr nişasta (2 yemek kaşığı)
1 orta boy yumurta
4 gr kabartma tozu
(1 silme tatlı kaşığı)
Yarım çay kaşığı zerdeçal
180–200 gr un

Üstü için

100 gr beyaz çikolata

Hazırlanışı

1 Yumuşak tereyağ ve şekeri bir dakika mikser ile çırpın. Yumurtayı ekleyip karıştırın. Limon suyu ve limon kabuğu rendesini ilave edip tekrar kısaca karıştırın

2 Unu, nişastayı, zerdeçalı ve kabartma tozunu ekleyip yoğurun. Yumuşak ele yapışmayan bir hamur olmalı. Unu yavaşça ekleyin, kullanılan malzemelere göre miktarı biraz değişebilir.

3 Kurabiye hamurundan 16 top yuvarlayın, üzerine çok hafif bastırın ve yağlı kağıt serili fırın tepsisine aralıklı yerleştirin.

Beyaz çikolatalı limon kurabiyesi

4 Önceden ısıtılmış 175 derece alt üst ayar fırında yaklaşık 11 dakika kenarları hafif kızarana kadar pişirin.

5 Kurabiyeler fırından çıkınca yumuşak oluyor. İsteğe bağlı üzerine bir bardak ile hafif bastırıp şekil verebilirsiniz.

6 Beyaz çikolatayı su banyosunda eritin. Küçük bir torbaya dökün, bir köşesini hafif delin ve soğumuş kurabiyelerin üzerine gezdirin.

Tarçınlı kurabiye

Lokmalık, ağızda dağılan bu kurabiyeler çay veya kahvenin yanında harika bir lezzet.

80–100 adet | 40 dakika

Malzemeler

125 gr yumuşak tereyağı
90 ml sıvı yağ (1 çay bardağı)
1 orta boy yumurta
1,5 yemek kaşığı şeker
60 gr nişasta (yarım çay bardağı + 1 yemek kaşığı)
Yarım paket vanilya sekeri
8 gr kabartma tozu (yarım paket)
270–300 gr un (2,5–2,75 su bardağı

Bulamak için

80 gr şeker (yarım su bardağı)
1,5 tatlı kaşığı tarçın

Hazırlanışı

1 Hamur için gerekli olan tüm malzemelerle yumuşak, ele yapışmayan bir hamur yoğurun. Unu yavaşça eklemeye özen gösterin.

2 Hamurdan misket büyüklüğünde toplar yuvarlayıp yağlı kağıt serili fırın tepsinize dizin.

3 Önceden ısıtılmış 175 derece alt üst ayar fırında yaklaşık 17–20 dakika pişirin. Fırından almadan önce kurabiyelerin alt kısmını kontrol edin, kızarmışsa yeterlidir.

4 Kurabiyeleri bulamak için şeker ve tarçını karıştırın. Fırından çıkardığınız kurabiyeleri hafif ılıdıktan sonra tarçınlı şeker karışımına atıp dikkatlice zedelemeden bulayın.

Beyaz çikolatalı muhallebi üzerinde vişneli sos

Çok hafif ve ferah bir tatlı. Üstelik yapımı oldukça kolay ve pratik.

6 porsiyon | 35 dakika | 4–5 saat

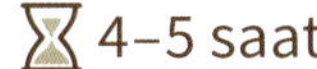

Malzemeler

Muhallebi

1 litre süt
200 ml krema
100 gr şeker (6 yemek kaşığı)
70 gr nişasta (6 yemek kaşığı)
1 yumurta sarısı
70 gr beyaz çikolata
1 paket vanilya şekeri
1 yemek kaşığı tereyağı

Vişneli sos

300 gr dondurulmuş ve çekirdeği çıkarılmış vişne
2 silme yemek kaşığı nişasta
3 yemek kaşığı şeker
200 ml su

Hazırlanışı

1 Süt, nişasta, şeker ve yumurta sarısını tencereye alın, iyice karıştırın. Ocağı açın ve sürekli karıştırarak pişirin. Kıvamı koyulaşmaya başladığında kremayı ekleyin ve bir dakika boyunca sürekli karıştırarak pişirmeye devam edin.

2 Ocağı kapatın, tereyağı, vanilya şekeri ve beyaz çikolatayı ilave edin. Karıştırarak çikolatanın erimesini sağlayın.

3 Pişen muhallebinin kremamsı kıvama gelmesi için 2 dakika blenderden geçirin.

4 Muhallebiyi henüz sıcakken bardak veya kupalara paylaştırın. Oda ısısına gelince buzdolabına kaldırın ve 4–5 saat soğumaya bırakın.

Vişneli sos

5 Vişneleri bir tencereye alıp üzerine şekeri ekleyin. Ardından su ve nişastayı karıştırıp ilave edin. Ocağın altını açın ve kıvam alana kadar karıştırarak pişirin. Ocağı kapatıp ara sıra karıştırarak ılımaya bırakın.

6 Soğumuş muhallebiyi dolaptan alın, üzerine vişne sosunu dökün ve afiyetle yiyin.

Vişneli sosunuz soğuduğunda fazlasıyla koyu ise biraz sıcak su ekleyip sıvılaştırabilirsiniz.

Sultan Lokumu

Az malzeme ile kolayca hazırlayabileceğiniz çok hafif bir tatlı tarifi.
Çilek sosu tercih etmeyenler çikolata sosu ile servis edebilir.

16 adet  30 dakika 6 saat

Malzemeler

1 litre süt
100 gr un (8 yemek kaşığı)
20 gr nişasta (2 yemek kaşığı)
200 gr toz şeker (12 yemek kaşığı)
1 paket vanilya şekeri
1 yemek kaşığı tereyağı

Bulamak için

Rendelenmiş hindistan cevizi

Çilekli sos

200 gr çilek
3 yemek kaşığı şeker

Hazırlanışı

1 Derin bir tencerenin içerisine yağ ve vanilya hariç bütün malzemeleri koyup iyice karıştırın ve ocağın altını açın. Sürekli karıştırarak koyulaşıncaya kadar pişirin.

2 Kaynamaya başladığı andan itibaren bir dakika daha karıştırarak pişirip ocağın altını kapatın. En son yağ ve vanilyayı da ilave ederek karıştırın. Ardından blenderden geçirin. Kıvamı pürüzsüz olsun.

3 Sonra şekli düz olan bardakları soğuk su ile ıslatın (bu çok önemli) muhallebiyi paylaştırın ve ilk sıcaklığı cıktıktan sonra üzerini streçleyerek oda ısısına gelmesini bekleyin. Ardından buzdolabına kaldırın. En az 6 saat veya bir gece buzdolabında bekletin.

Sultan Lokumu

4 Iyice soğuduktan sonra bardağı hafif sallayarak hindistan cevizlerinin üzerine ters çevirin. Tatlıyı iki parmak genişliğinde dilimler şeklinde kesip hindistan cevizine bulayın ve servis tabağına alın.

5 Yanında çilek sosu ile servis edebilirsiniz. Buzluktan aldığınız çileklerin buzu çözüldükten sonra üzerine şeker ilave edip mikser ile püre haline getirin ve bir süzgeçten bastırarak geçirin. İstediğiniz şekilde süsleyin.

Sonsöz

Sevgili Ayşen's Kitchen izleyicileri,

Ben Ayşe'nin eşi Muhittin.
Bazılarınız beni daha önce Instagram hikâyelerinde görmüş olabilir. Mecbur kalmadıkça kamera önünde olmaktansa kamera arkasında olmayı tercih ediyorum. 😊
Aslında size bu konu hakkında anlatacak çok şey var, ama ben sözlerimi kısa tutmak istiyorum.
37 yaşındayım ve Almanya`nın Göppingen kentinde doğdum. Ayşe ile 2011 yılında evlendik. Asıl işimde makina operatörü olarak çalışıyorum.
Ayşe'ye günlük hayatında destek olarak, fotoğraf ve video çekimlerini veya organizasyon işleri yaparak, yardımcı olmaya calışıyorum.
Instagram kanalı aysens.kitchen'den önce de yemek pişirmeye çok ilgisi vardı. Yeni yemekler dener ve her zaman harika bir şekilde sunum yapardı. Yorumlarda bir yemek kitabı istediğinizi belirttiniz, işte bu yemek kitabı tam da bu yüzden hazırlandı.

Ayşe'nin başarısında katkınız büyük.
Sizlerle arasında cok özel bir bağ ve güven oluştuğunu görmek beni gururlandırıyor.
Tarifleri beğenerek deneyeceğinizi umuyorum.

Sevgilerle, Muhittin Şen

Ayşe Abla yemek kitabı projesinden bahsettiğinde onun adına çok sevindim. Biliyordum ki: Böyle bir projeyi ele alırsa, hakkından mutlaka gelir! İlk saniyeden itibaren, tariflerini en ince ayrıntısına kadar mükemmel bir özveriyle hazırladı, o kadar iyi ki tek yapmam gereken fotoğraflar için doğru açıyı bulmaktı.

Eşi Muhittin Şen'e özel bir övgüde bulunmak istiyorum. Gerçekten bir kalite güvence müdürü gibi davrandı ve mükemmeliyetçiliğiyle birçok yerde her şeyi tamamladı.

Başka ne diyebilirim ki - bu projede yer almak tam anlamıyla bir zevkti. Pek sevmediğim balık dışında neredeyse her yemek midemin yolunu buldu. Bundan başka ne isteyebilirim ki? 😊

Davut Kültür

Hayatta ne güzel tesadüfler oluyor.

Alaçatı'da bir otel lobisinde başlayan serüvenin bir yemek kitabı projesine dönüşeceği aklımın ucundan bile geçmezdi.

Zamanımın kısıtlı olmasına rağmen bu sevecen insanların çeviri teklifine olumsuz cevap veremezdim.

Son derece keyifli ve zevkli bir çalışma ortamında buldum kendimi. Bu kitaba katkıda bulunmuş olmaktan gurur duyuyorum.

Ayşe bu yemek kitabıyla teori ve pratiği inanılmaz derecede anlaşılır bir şekilde birleştiriyor. Ayrıca çalışan bir anne olarak Ayşe'nin tarifleri artık benim mutfağıma da girmiş durumda.
Herkese tavsiye ederim.

Sevgilerimle,

Jaqueline Schotte

© Foto: Beate Armbruster

Merhaba sevgili dostlar,

Yayınevimizde olağanüstü güzellikte pek çok kitap yayınlanıyor. Peki Ayşe'nin çalışmasını diğer tanınmış yazarların yemek kitaplarından ayıran nedir?
Kendine özgü ve aynı zamanda sıcakkanlı tavrı ve özel yaşam tarzı beni etkiledi. Ayşe, her bir tarifin ayrı ayrı hakkını vermeyi ve bunu tam olarak kitaba yansıtmayı başarıyor. Ayşe ve eşi/menajeri Muhi ile ilk görüşmemizden itibaren emindim: Evet! Ayşe ile birlikte bu yemek kitabını gerçekleştirmek istiyorum!
Ayşe'nin kendi denediği tarifleri disiplin, sevgi ve tutkuyla sevenleri ve takipçileriyle paylaşımı takdir edilmeye değer.

Ekibim ve ben Ayşe ve Muhi'ye şapka çıkarıyoruz. Bir kitap çıkarmanın tüm zorluklarının üstesinden geldiniz (günlük hayat her zaman bir yandan devam etti: Yemek pişirme, çocuklar, çekimler, video düzenleme ...). Ayşe, yemek kitabı dünyasını uluslararası bir esintiyle zenginleştirmeyi başardı. Biz göz hizasında bir ekibiz. Bunlar yüksek ve öncelikli değerlerdir.

Bu kitabı böylesine harika ve sevimli insanlarla birlikte iki dilde yayınlamak inanılmaz keyifliydi. 😊

Simone Härter

Sevgili okuyucu,

Daha önce birçok kitap hazırladım. Ancak Ayşe'nin ilk yemek kitabı, kendine özgü dürüst yemek pişirme anlayışıyla büyülüyor. Kendisini değil, tarifleri ön plana çıkarıyor. Genç bir anne olarak, günlük hayatın neler talep ettiğini çok iyi biliyor. Böylece, hızlı ve oldukça lezzetli tariflerin yardımıyla, yemek pişirmenin herkes için keyifli olabileceğini gösteriyor. Fast food mutfağına ihtiyacımız yok. Kolay tarifler ve becerikli bir el ile herkes bu yemekleri çabucak pişirebilir. **Farkı yaratan bu karışımdır.**

Ayrıca özel günler için misafirlerinizi büyüleyecek yemekler de bulabilirsiniz. Kendisi ve sempatik kocasıyla birlikte bu yemek kitabını hazırlamak benim için büyük bir zevk ve keyifti.

İkilinin titiz ve disiplinli yapısı, özellikle de Ayşe'nin müthiş azmi, şu anda elinizde tuttuğunuz sonucu ortaya çıkarıyor.
Bir yemeğin tadı güzel olmalı, tarifler işe yaramalı.
İşte bu burada geçerlidir. Tarifler çok karmaşıksa ve hatta çok fazla pişirme deneyimi gerektiriyorsa en güzel yemek kitabı ne işe yarar? İsteğinizi çabucak kaybedersiniz. Ayşe, Muhi, Davut, Jacky, Simone ve tüm ekiple birlikte bu harika yemek kitabını iki dilde hazırlamanın onurunu yaşıyorum. Bu harika yemeklerin tadını çıkarın. Biz birçok yemeği pişirdik ve kilo aldık. 😂 😉 Kitabın zevkini çıkarmanız ve tüm tariflerin size yemeklerinizde uzun süre eşlik etmesi dileğiyle.
Cyrus Naimi

İndeks

Sebzelerinizi değerlendirmek veya belirli bir malzemeye dayalı bir tarif mi seçmek istiyorsunuz? Sık kullanılan ana malzemelerin bu alfabetik özeti sizi doğru tarife hızlı bir şekilde yönlendirecektir.

M

N

P

Q

S

T

Y

Z